U0857807

禹王台村

山东村落田野研究丛书

张士闪 李松 总主编
王加华 吴美云 著

山东大学出版社

《山东村落田野研究丛书》
编委会

不应满足于立此存照式的一幅幅风俗画。我们深信，就在众多村落所呈现的异同之间，蕴含着中国基层社会的真正奥秘。

再次，村民本位，日常视角。坚持村落民俗志描述中的村民本位，摆脱那种将文人的文字传统视为“唯一性知识”的旧习，将村民日常使用更广泛的口述、物象、仪式等知识形式，放在至少是与文字同等的位置。我们深知，白纸黑字所代表的文字表达传统，仅仅是占社会总体人数很少的文人阶层所推重的一种特殊知识形式，而远非人类知识之全部。在乡村社会中尤其如此。将村落的历史、当下与未来贯穿起来的村民，在“过日子”中凝结而成的丰富知识形式，理应在村落民俗志中显现光彩。我们期望这套丛书出版后，不仅供学者研究、都市人阅读，还有村民愿看，甚至成为村落典藏。让乡土知识真正实现“从民众中来，到民众中去”，是我们最大的心愿。

新世纪以来，随着以全球化、都市化为特征的现代生活的迅速普及，乡土民俗的连续性、系统性、整体性已严重受损，曾作为中国社会主体的乡土村落正经历巨变。但无论如何，村落依然是中国传统文化的重要承载地，农民是绝不可轻忽的文化传承主体。当代学者的一项重要使命就是关注村落，将村落中的人、事、文化传统与生活现状等视为一个整体，通过深描村落社会运行的逻辑，阐释村民的生活世界及其赋予生活的意义之所在，并在此基础上对其组织形态、机制及变迁予以描述与推导，这对于理解中国乡村文化传承乃至整个中国社会大有裨益。我们深知：梳理中国村落的历史来路，叩问其从何而来；展示由形形色色民俗事象所构成的村落人文世界，理解现状与内在脉络；观察村落在现代化进程中的遭遇与新创，关注其向何处去——这应该成为村落研究介入当代中国社会发展、彰显乡村文化茁壮活力的基本向度。

一、中国村落研究传统

生于乡土，终老乡土，曾在漫长岁月中被绝大多数国民视若天经地义，这一社会事实本身即足以显示村落的意义。我们相信，“在村落中研究”(格尔兹语)的学术实践，在当今“世界史”“全球史”风起云涌之际，不仅没有过时，而且不可或缺。毕竟，无论是重述“亚洲”，还是重述“世界”，我们仍要以乡土中国为立足点。

传统意义上的村落，自有其历史渊源与发育过程。村落社会的组织与运行，离不开稳定的民俗传统的传承。民俗传统既具有群体规约性质，又能为民众提供身份认同与人生意义，因而蕴含生机，常在常新。村落之为“问题”，乃是19世纪末20世纪初，一批知识分子基于晚清社会之变局“眼光向下”的产物：一方面，受西方入侵影响，新的生产方式与经济结构已日益内嵌于中国基层社会，传统时代城乡互动的社会运行模式被打破，作为中国乡土社会基本单元的村落日渐萎缩，成为当时中国社会整体发展失衡状况的表征之一；另一方面，以“西学东渐”为背景而形成的革命性、现代性强势话语，逐渐渗入乡土社会，持续改写着村落发展的内在逻辑，造成了民间自治传统的失衡或断裂。[①] 以此为背景，乡土社会成为当时知识精英普遍关注与“拯救”的对象，村落则成为中国现代学术研究的重要单元。

诚然，学术活动不能没有研究单元的设计。20世纪上半叶，以费孝通、林耀华等为代表的中国学者，就注意选择村落或村寨为研究单元，并在其学术生涯中长期坚持，认为村落既是便利研究者做全面了解的较小的社会单位，又是反映人们社会生活的比较完整的切片。[②] 其中奥秘，恰如英国人类学家布朗所强调的，对于一个村庄进行细致入微的研究的意义在于——既要看到村落社区生活的某一个方面在整体的社会生活中的功能，也要看到这个村落本身的组成结构。[③] 钟敬文在1983年中国民俗学会成立的讲话中，将“搞民俗学当然着重在广大农村”当作不言而喻的前提[④]，后又在不同场合多次表述，获得了国内民俗学界的广泛响应，乃至成为经典范式。20世纪90年代初，刘铁梁从民俗传承生活空间的角度，论述了村落作为基本研究

① 参见张士闪：《“顺水推舟”：当代中国新型城镇化建设不应忘却乡土本位》，载《民俗研究》2014年第1期。

② 参见费孝通：《江村经济——中国农民的生活》，商务印书馆2001年版，第24页。

③ 转引自赵旭东：《权力与公正——乡土社会的纠纷解决与权威多元》，天津古籍出版社2003年版，第10页。

④ 参见钟敬文：《民俗学的历史问题和今后的工作》，载《钟敬文自选集》，首都师范大学出版社2008年版，第409页。

单位的意义，明确了村落研究在民俗学学科中的理论地位。[①] 时至今日，以村落为单元进行研究的学者仍为数众多，跨越民俗学、人类学、社会学、历史学、民族学、艺术学等学科。诚然，在国土广袤的中国，无论从事怎样的课题研究，从相对自成体系而又较小的村落生活共同体入手，自有其合理性，而且有望产生深厚的学术理论意义。更何况，村落研究还被赋予认知历史、立足当下、面向未来的重要使命。村落形态尽管一直处于或微或巨的变化之中，但它所塑造的文化模式与传统，在可预见的未来中国仍具重要价值，乃是不争的事实。

但与此同时，对于以村落为研究单元的批评一直不绝于耳。美国学者施坚雅的批评可谓尖锐："研究中国社会的人类学著作，由于几乎把注意力完全集中于村庄，除了很少的例外，都歪曲了农村社会结构的实际。如果可以说农民是生活在一个自给自足的社会中，那么这个社会不是村庄而是基层市场社区。"[②]在施坚雅的"市场圈"理论之后，又陆续出现了祭祀圈、婚姻圈、联村组织等研究范式，对村落研究模式予以拓展，努力将村落单元置于更大范围的区域社会脉络中予以理解。毕竟，村落社会并非村民的简单集合，村民生活也并非只与村落有关。自古及今，村民与村外世界联系的普遍性是无可置疑的。[③]

围绕村落作为研究单元的种种争论，有相当多的误解在内。比如：对于村落生活共同体的基本理解，是被动、静态，还是动态、开放？争论双方其实是基于不同的预设。村落研究，如果将村落理解为动态、开放的社区，就应该成为从村落出发的研究，以小见大地拓展个案研究的价值，而那种从较大区域展开的研究，如果将村落理解为被动、静态的社区，也不见得就一定贴

---

① 参见刘铁梁：《村落——民俗传承的生活空间》，载《北京师范大学学报（社会科学版）》1996年第6期。最近，他对此作了更明确的表述："村落被民俗学者视为田野调查的最佳场域，也是最基本的空间单位……民俗学把村落作为一个整体的小社会进行观察和分析。在村落中观察到的民俗文化事象，具有时空的限制意义。"（刘铁梁：《"深描"中国村落文化变迁》，载2017年7月10日《中国社会科学报》）

② ［美］施坚雅（G. William Skinner）：《中国农村的市场和社会结构》，史建云、徐秀丽译，中国社会科学出版社1998年版，第40页。

③ 即使在前现代化时期，村落本身也不可能像老子所说的"鸡犬之声相闻，民至老死不相往来"，如多村共用一庙、信仰仪式的村落轮值等。当代学界热衷于以"古村落""传统村落"等为研究对象，频繁使用"原生态""原汁原味""本真性"等概念，其实都是以将封闭自足视作村落的"典型"状态为预设的。

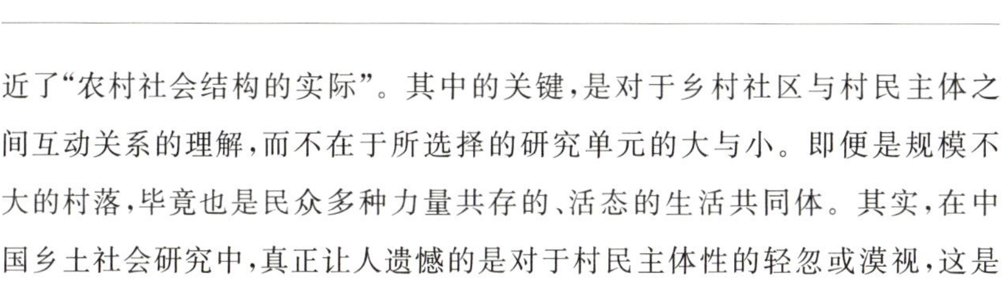

近了“农村社会结构的实际”。其中的关键，是对于乡村社区与村民主体之间互动关系的理解，而不在于所选择的研究单元的大与小。即便是规模不大的村落，毕竟也是民众多种力量共存的、活态的生活共同体。其实，在中国乡土社会研究中，真正让人遗憾的是对于村民主体性的轻忽或漠视，这是在上述研究模式中一直未能得到根本改变的死角。

二、村落研究，应聚焦民众主体

绝大多数的村落研究，往往将民众的文化笼统地归于“民俗”，似乎民众的文化生命是以“民俗传承”来丈量或维系的。厘清民众与民俗的关系，将有助于拨开笼罩在村落研究中的多重迷雾。民俗，究竟是民众自发的文化创造，还是基于“一二人倡之，千百人和之”的精英引领，抑或不过是国家大一统进程中“礼化为俗”的结果？细究之，上述三种观点虽都不免以偏概全，却也都道出了民俗的某一要义。若将三者统观，庶有助于对“民俗”乃至村落的理解。

首先，民俗的本质是民众主体的文化创造，自无可置疑。民俗传统，即民众在长期生活实践中，以约定俗成的方式促使某种价值规范发生从世俗到超验的升华过程。值得注意的是，这一升华过程绝不是一朝一夕所能成就，也并非一成不变，而是在民众生活共同体内部始终蕴含着多变的可能，呈现出活态性质。同时，再有力的国家行政运作，也无法随意篡改民俗传统或改变村落社会的民众主体性质。近年来对于当代村落的近距离观察，使我们更加确信：在当下新型城镇化的浪潮中，民俗传统不仅没有遁隐，而且变得更富弹性与多元。时至今日，某些村落的发展轨迹时显诡异，其“突然终结”与“奇迹再生”之现象让人大感迷惑。究其实，民众力量在社会剧变中的屈抑与释放当是理解这一现象的重要维度。

其次，自古以来，民俗的形成与发展均离不开知识精英的引领作用。我们在田野作业中发现，很多民俗传统一开始是作为事件应激之文化反应而出现的，如村落形成之初的生存所需、灾乱年头的秩序维持、太平时期的发展机遇捕捉等。这种因应激而形成的文化反应，不会随着事件的完结而迅即消失，而是沉淀、扩散到地方生活中，形成社会经验，此后又会在后发的事

件应激中被运用，最终磨合成一种社会行为模式。在应激事件、应激性文化反应与社会行为模式的互动过程中，离不开少数文化精英的有意识运作，并最终使之沉淀为乡土民俗。恰如“民俗”之作为现代学术概念，也是伴随着现代城市化的发展进程而为知识精英所发明并设置意义的。正像铃木正崇所说：“直到近代，‘民俗’与‘传统’在消灭和生成的间隙中得以发现。”[①]不过，少数知识精英的引领作用，从来是与其“适于时而合于势”的行为选择密切相关的。兹以地方志书中的灾荒记录为例予以简单说明。地方志书中总是凸显地方精英的非凡作用，比如为减税急赈而为民请命、订约立碑以控制社会秩序等，而将一方民众作为背景因素，至多以“民不聊生”“饥民四起”等语大略言之。这显然并非社会事实。实际上，精英的行为往往是受地方社会情势所激，其对于当时国家政治态势的估测，与对于地方民众心理的揣度，为其行为选择提供了关键性依据。但作为地方社会情势重要构成因素的民众，却在地方志书中被大大忽视了。

再次，中国很早以来就已形成所谓的“礼俗社会”，传统中国作为一个复杂社会系统，在民间生活与国家政治之间有着复杂而深厚的同生共存关系。纵观一部中华文明传承发展史，国家意识形态经常借助对民俗活动的渗透而在乡村生活中贯彻落实，形成“礼”向“俗”落实、“俗”又涵养“礼”的礼俗互动的政治框架。礼俗互动，既包括民众向国家寻求文化认同并阐释自身生活，也体现为国家向民众提供认同符号与归属路径。换言之，借助民俗文化的生机跃动，民间社会始终发挥着对于主流文化的葆育能力。以此为基础，在中国社会悠久历史进程中的“礼俗互动”，就起到了维系“国家大一统”与地方社会发展之间平衡的作用。[②] 国家政治与民间自治之间的互动关系，不仅形塑着社会组织的基本形式，也由此产生了社会生活层面的文化交织现象：“国家对村落的政治干预与民间自治之间有长期互动的历史，结果是形成了今天（家族村落）聚落联合体的基本组织形式。”[③]以此理解中国大地上的众多村落，庶有较通观的眼光。

---

① ［日］铃木正崇：《日本民俗学的现状与课题》，赵晖译，载王晓葵、何彬编：《现代日本民俗学的理论与方法》，学苑出版社 2010 年版，第 3 页。

② 参见张士闪：《礼俗互动与中国社会研究》，载《民俗研究》2016 年第 6 期。

③ 刘铁梁：《传统乡村社会中家庭的权益与地位——黄浦江沿岸村落民俗的调查》，载《北京师范大学学报（社会科学版）》2001 年第 6 期。

三、村民口述的意义

走进村落，不仅要关注“民生”，而且要体察“民心”，感受民众生活史与心态史的双重意义。面对民众的生活与文化，传统的学术工具似乎不那么灵光了。

比如，我们在村落调查中，经常有各种各样的困惑。为什么历史上的某一事件，会频繁地被村民表述，还被表述者加上了许多的发明和创造？不仅如此，看起来离“真相”越来越远的表述，反倒经常成为后人的话题中心，并在现世生活的裹挟下发生效用，而事件本身（即所谓“真相”）倒不见得重要了。还有，为什么是历史上的这一事件而不是另一事件，频繁地被这一地方而不是另一地方的人不断关注，并“折腾”出了这样的而不是别样的传统？有果必有因，有事必有人，民间自有其文化选择与传承的机制——没有关注，就不会有表述；没有关注和表述，就不会有传统的发明和创造。

显然，前者关注的是一种文化传承的线性历史，后者则关注其内在结构逻辑，耶鲁大学教授萧凤霞试图以“结构过程”[①]涵括二者。要想真正地解惑答疑，就必须在具体的区域社会空间中将二者结合起来，关注某一传统从过去到现在的建构过程与多元指向，并特别聚焦其主体表述。这一研究模式的策略是，一种传统在不同时代留下的表述有或微或巨之别，而就在种种表述的同异之中，蕴含着区域社会发展的历史脉络与内在逻辑。因此，我们的工作首先是挖掘各种表述，然后在各种表述之间寻找关联，总结民间叙事的特征，并在此基础上还原“社会事实”，建构逻辑关系。鉴于历史上官方、知识精英与民众的互动情形驳杂不一，我们今天所见的“传统”基本上都已经历过无数次改写，只是我们难以知情罢了，因此必须保持足够的警觉。这也意味着，我们在关注传统的线性历史脉络的同时，要特别关注地方社会中人的创造能力及创造逻辑。

用这样的眼光看，民间口述材料中所谓的“随意性”，不但不应是拒绝采信的理由，反倒要视为民间叙事乃至地方生活的应有特征，为我们解读历史

① 萧凤霞：《廿载华南研究之旅》，载《清华社会学评论》2001 年第 1 期。

量多地留存鲜活的乡土气息。

1.对于村民的内部知识，不妄加评论，而采用现象描述的方式，呈现真实的民众心态。

初入田野者，最常见的毛病便是盲从自己的知识“先见”，乍见村落种种现象，就匆匆忙忙做类型区分和价值判断。比如，对于村民信仰活动，或要评判是否迷信，或要区分是道教还是佛教。这样的知识“先见”，其实是基于对中国社会的肤浅理解。看似荒诞不经的言行，往往背后蕴含着民众的真实心态，是解读村落心史的难得资料。本套丛书中《胡集村》一书的作者王加华，曾携初稿进村交流。村民以当地说书前惯用的几段开场白①为证据，坚持认为本村起源于春秋时期，已有2000多年历史。这一说法无疑是非历史的，却正反映了村民希望将本村历史拉长与神圣化的真实心态。作者最终定稿时，对此就没有予以简单地抹杀或揶揄，而是在列举地方志书中的“明初立村说”之后，呈现村民的“春秋立村说”及其依据，同时保留村民的其他说法，这无疑是确当的。

当然，在学者与村民的交流中，也会有村民揣摩学者意图而对村落内部知识加以改装，往学者这边贴靠。这既与现实生活中学者话语的强势地位有关，也表现出村民对外来话语（包括学者）的利用心态，后者尤其值得注意。一些有见识的村民，一旦察觉到学者话语有助于所在村落的“增值”，往往就会抛弃己见，欣然赞同学者的说法，甚至热心地帮助寻找证据。虽然这也是村落知识增长的一种方式，但目前却还处于不稳定状态，需要将之与村落中比较稳定的知识范畴相比照，否则，我们对村落的理解就不免浮光掠影。

2.丛书最后特设专章“村里的人　村里的事”，附录“重要民俗资料提供者简介”与村民所用文献，以凸显村民的主体叙事视角。

“村里的人　村里的事”专章的设计，意在以词条单列的方式，突破传统村落民俗志书写的静态幻象，在以事带人的生动描述中展现村落中的特

① 胡集书会汇聚南北说书人，常用的开场白有：“道德三皇五帝，功名夏后商周，五霸七雄闹春秋，顷刻兴亡过手。”“孔夫子周游列国，子路沿门教化。柳敬亭舌战群贼，苏季子说合天下。周姬佗传流后世，古今学演教化。”“扇子一把抡枪刺棒，周庄王指点于侠。三臣五亮共一家，万朵桃花一树生下。何必左携右搭。”

色文化。要想做到这一点并不容易。如张士闪和张帅在完成《洼子村》一书初稿后，曾专门回村细读给7位老人听，在热烈的讨论交流中，重新审视或矫正书中的原有观点。有村民尖锐地提出，原书稿过于突出巫婆神汉、善人及其信仰活动[①]，应该为本村烈士、支前英雄"树碑立传"，突出"教师村"的形象，并提供了相关资料。我们据此进行调整，新增"教师村""红色记忆"两个词条，与原有的"公事总理""礼仪人家""善人"等并置相映，就明显合理多了。这一修改书稿的过程，其实是学者与村民的两种叙事风格的并置与互动的过程，由此形成的村落民俗志自然会较前丰厚许多。

重要的民俗资料提供者，通常属于村民心目中"会看事""会办事""会说话"的人，经常代表村民向外人表述"村落文化"，其话语当然也会经过其自身的选择、加工而具有个人色彩。我们需要进一步观察，大多数村民会认同他作为村落文化代言人的角色吗？不善于对外人表述的大多数村民，如何评价他的话语？学者的到访，是促成了村民对其话语的接受还是相反？这些都需要格外留心。书后所附"重要民俗资料提供者简介"，意在呈现其个人基本信息，供读者进一步了解与思考。

书后所附的村民文献，与学者所撰写的正文文本形成有趣对比。学者与村民之间，注意点不同，知识储备、思想局限有别，而对村民村事的价值预设也差异明显。比如，围绕同一个村落的民俗志表达，学者所感兴趣的是如何呈现其所理解的"村落"，往往是看了地方志、地图、家谱、碑记等以后，再去跟村民交流，有时候还会事先阅读相关论著。当今学者还会特别看重祠堂、庙宇、信仰仪式、巫婆神汉等，认为这代表了地方文化生态的完整性。对于村民而言，村落则是他们身在其中、终身归属的"家园"。曾记得在2002年，洼子村的几位村落精英接受村委会布置的一项任务，要向外来民俗专家介绍村落文化，他们将之分解成"村志""民俗概况""文化教育概览"三部分，分别撰文描述。显然，他们将"村落文化"理解为历史、民俗与"高层"文化（并视为本村的特色文化）等三大层面，这一分类颇有见地，对于我们今天理解村落及民众心态仍具启发性。

长久以来，中国乡村社会经过反复的礼俗教化，形成了基于农耕经济

① 张笃杰："看了这书，外人还以为洼子村就知道整天烧香拜佛呢！"张笃杰，山东省淄博市淄川区罗村镇洼子村人，长期担任中小学教师、校长，现退休在家。

的社区共享传统，它以乡村公共利益的高度共享来实现乡土社会秩序的长期稳定，以社区节庆、生活礼仪、生产互助、乡规民约、信仰仪式等民俗传统为传承载体，构建起中华文明绵延不断的社会基础，也是支撑当代中国乡村可持续发展的重要文化资源。当代学者应服务当下中国社会发展的现实需求，扎根村落，深入传统，以此为基础提炼研究方法与理论，建构田野研究的中国话语。我们这套丛书愿意在这一学术方向上进行尝试，抛砖引玉。

最后还要说明的是，这套丛书写作时间正值暑期，尽管各位作者都有博士、硕士学位论文的研究基础，但因丛书定位所强调的视角转换，需要大量的补充调查，有的干脆是返工重做。今夏大热，感谢各位作者不避酷暑，按时完成撰写任务。因时间匆遽，本套丛书不尽如人意之处，敬请读者诸君批评指正。

张士闪
2017 年 8 月 31 日

前言

村落是中国传统社会的最基本单元之一，是人们在日常的生产、生活过程中逐渐累积而形成的多元文化复合体，是地域文化、民俗风情等的重要载体。今天，随着我国经济与社会文化的快速变迁，村落亦正在发生着翻天覆地的变化。所谓一滴水能反映整个太阳的光辉，村落虽小，却能够从中透视出中国传统文化及其在当下变迁的各个面向。诚然，受当下城市化进程的影响，我们的传统村落正面临着日渐消逝的窘境，但不可否认的是，今天村落仍旧是中国人日常生活、文化传承、社会治理的基本单位之一，仍具有极其重要的地位与作用。因此，针对村落展开调查、描述与研究，仍具有极其重要的价值与意义。

禹王台村，位于山东省潍坊市寒亭区高里镇，是一个普通的华北村落。本书之所以选择禹王台作为调查与描述对象，首先在于笔者对其较为熟悉且具有相当的资料积累。2010年6月与2011年5月，山东大学民俗学研究所与潍坊市寒亭区政协联合开展地方文化资源调查与研究，曾先后两次来该村调研，对村落各方面事象做了详细调查。其次，本村也是一个有着明显“地理景观”与“文化特征”的村落，有一个久负盛名的人造大土台——禹王台，狐仙信仰盛行，是周边几十里范围内民间信仰的中心，并且近年来因庙宇被私人承包而呈现出诸多引人注意之处。

具体写作思路，以刘铁梁教授的“标志性文化统领式民俗志”写作模

式[①]为基本指导，将禹王台与狐仙信仰作为禹王台村的标志性文化，对村落社会生活的各个方面展开描述。具体来说，本书共分五章。第一章，主要对禹王台村的村落与家族历史、经济发展及水与村落的关系进行基本介绍。第二章，对禹王台村的标志性地理景观禹王台展开描述，就其历史、传说、布局与村落历史记忆的关系及其入选“非遗”名录等作重点介绍。第三章，重点对禹王台村的神灵信仰尤其是狐仙信仰作相关介绍，主要围绕庙与神、故事与传说、庙会与仪式、庙宇被承包后发生的变化等问题展开描述。第四章，重点对禹王台村的岁时节日、人生仪礼活动作描述与介绍。第五章，对村落生活中的人与事进行个案描述，以进一步凸显禹王台村的村落特性。从中我们可以发现，禹王台及附着其上的狐仙信仰活动，深深影响并渗透于禹王台村村落生活的方方面面。

本书写作所依据的主要资料来自田野调查。2010 年 6 月 17～18 日、2011 年 5 月 27～28 日，山东大学民俗学研究所曾分别对禹王台村进行了为期两天的田野调查，对禹王台村的村落概况及社会生活的方方面面进行了比较深入的调查与了解，整理了 20 多万字的调查资料，同时出版了两册《百脉泉》内部刊物。2012 年 12 月，笔者又到禹王台做了为期两天的调查。在此过程中，以田野调查为基本依托，笔者写作并发表了两篇有关禹王台狐仙信仰的论文。2017 年 10 月 21～22 日，笔者又带领 14 人的调查组，对禹王台村进行了为期两天的补充调查。除口述资料外，本书亦参考了一定量的文献资料及相关研究成果。文献资料主要有《潍县志稿》《潍坊市寒亭区地名资料汇编》《潍邑陈氏二支禹王台分支族谱》等；研究成果主要是本书第二作者吴美云于 2013 年写就的有关禹王台狐仙信仰的硕士学位论文《寒亭禹王台村狐仙信仰探究》。

王加华

2017 年 10 月

① 参见刘铁梁：《“标志性文化统领式”民俗志的理论与实践》，载《北京师范大学学报（社会科学版）》2005 年第 6 期。

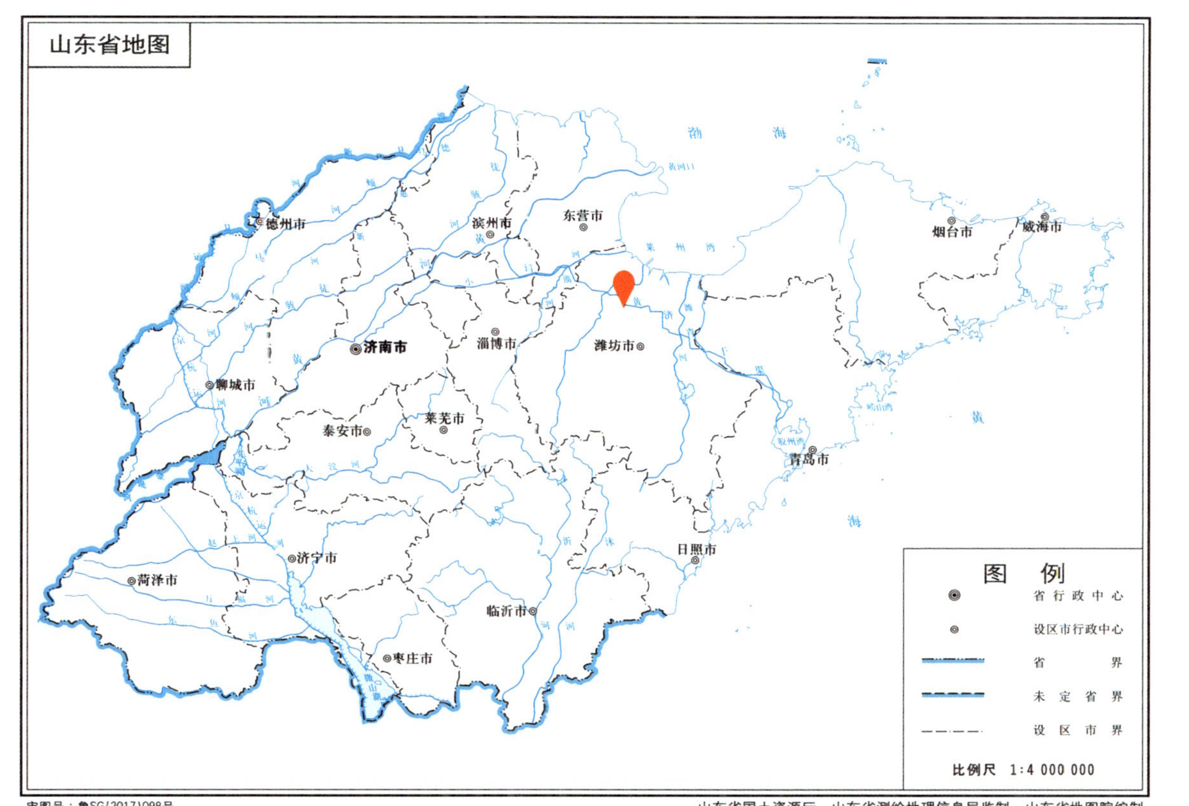

禹王台村地理位置示意图

目录

第一章
因台而名的村落

禹王台村，潍北平原的一个普通村落，因靠近一个名为“禹王台”的大土台而得名。此村最早由刘姓迁入建村，此后又有陈姓等姓氏陆续迁入，逐渐发展壮大。经济发展方面，该村长期以来一直以农业为主，兼有比较发达的草编等家庭手工业；近些年来，外出务工成为村民收入的最重要来源。

一、村落与家族史

禹王台村隶属潍坊市寒亭区高里镇，南距镇政府驻地约 10 公里，潍九路东侧，北纬 36°56′，东经 119°02′。该村原属萧家营乡，2001 年并入南孙乡，2007 年又随南孙乡并入高里镇。禹王台村向南距南孙 3 公里，东南距寒亭区政府驻地 30 公里，西与寿光仅有 1 公里之遥，北去 30 公里就到莱州湾。2004 年，全村人口约 1200 人，耕地 2721 亩。① 而据 2010 年的调查，全村约占地 451 亩，有 400 户、1380 人，总耕地面积 2800 亩。② 2015 年的统计，则为

① 参见潍坊市寒亭区民政局编：《潍坊市寒亭区地名资料汇编》（内部资料），2004 年，第 354 页。

② 被访谈人：陈金友，男，1957 年生，曾长期担任禹王台村会计，后又担任村支部书记；访谈人：王加华；访谈时间：2010 年 6 月 17 日；访谈地点：禹王台村村委会。

395户、1241口人，耕地面积约2715亩。[①]

关于禹王台村村名的来历、沿革及其含义，地名志资料如是说："据考，元代此处已有村落，在村东曾发掘有多处元代圆形墓。经查，元代末期，陈、刘二姓迁此定居。因村西南角有一高大土台，相传，大禹治水时筑起高台安营扎寨，指挥治水。后在台上建'禹王庙'。土台被称'禹王台'。村以台而故名。"[②]

不过，据在村民中流传的说法，禹王台村最初并不叫"禹王台"，而是叫"刘家庄"：

> 原来这个村(最早)是姓刘的，原来叫刘家庄。[③] 为什么说呢？俺这个庄西北角有个石桥，叫"刘家桥"，是从西南方来的一条小河上搭的小桥。西北还有个大湾，叫"刘家湾"。这说明这个村原来姓刘的来得最早，但不知道什么时候来的，也没有来考察的。当时刘家桥是一孔桥，从桥的石头来判断，年代还不是很久，很久的话也不可能有那么有角有棱的石头，那石头弄得很正规。以后修了公路了，桥就拆了。[④]

刘家湾(王加华摄)

---

① 参见《禹王台村》，寒亭区区情网，2015年7月14日，http://htqqqw.wfsq.gov.cn/ZJHT/LSWHCL/201507/t20150714_809174.htm.

② 潍坊市寒亭区民政局编：《潍坊市寒亭区地名资料汇编》(内部资料)，2004年，第354页。

③ 一说最早不叫"刘家庄"，而叫"望海台"。被访谈人：刘殿勇，男，1928年生，禹王台村村民；访谈人：李生柱；访谈时间：2011年5月28日；访谈地点：禹王台村刘殿勇家。

④ 被访谈人：陈发源，男，1929年生，禹王台村村民，毕业于平度师范，做过35年小学、中学语文教师，曾参加过土改运动；访谈人：李生柱；访谈时间：2011年5月27日；访谈地点：禹王台村陈发源家。

至于村子的东头，原名则叫“尹家庄”。但后来随着更多姓氏的迁入，人口渐多，刘家庄与尹家庄逐步合并到了一起，庄名也被统一定为“禹王台”。至于改为“禹王台”的时间，现已不得而知。据民国《潍县志稿》卷九《营缮·坛庙寺观》记载：“禹王庙，禹王台庄，清乾隆三十年重修。”由此可知，“禹王台庄”村名的出现，至少应是在清乾隆年间。

约于元代末年建村之后（据《潍坊市寒亭区地名资料汇编》所载），受资料记载所限，关于禹王台村的历史，我们知之甚少，只知其至少于清乾隆年间已有“禹王台”之庄名。相比之下，作为潍北平原的一大胜景，历代关于禹王台的记载却不绝于书，如《魏书·地形志》、《水经注》、明杨青藜《九日登禹王台》、康熙《潍县志》卷五《古迹》、清郭坛《望台考》、清傅廷兰《民台十景诗》等。目前所知的、有确切记载的有关禹王台村的早期历史，可上推至清咸丰十一年（1861 年），当时捻军曾来到禹王台村一带，为求自保，“各庄人均扶老携幼，接踵上（禹王）台”，捻军“连围九天”，但“未曾进攻，在台围者，并未伤亡一丁”。[①] 为纪念此事，当地民众特于光绪十二年（1886 年）九月初九立“永垂不朽”碑一块。对此事件，村里亦流传有大量的故事与传说。而抗日战争全面爆发后，日本人亦曾来过禹王台村。作为周边范围内的唯一制高点，日本人于禹王台上设置了据点并驻扎其上——虽然只有两三个人，台下东北角则驻扎有伪军部队（当地人称之为“黑鬼子”）。只是日军并未在禹王台长期驻扎，只待了 4 个多月的时间即离开了。对此，村里亦流传有大量的故事与传说（参见本书第二章之“台与村落记忆”）。行政隶属上，20 世纪 30 年代，当时禹王台村属潍县第四区，为禹王台乡驻地。整个禹王台乡，计有 903 户，5629 口人，其中男口 2911 人，女口 2718 人。[②]

抗日战争时期，禹王台村曾修有一圈围子墙。回忆起当时的村落场景，1929 年出生的陈发源老人仍历历在目：

关帝庙在北头，冲着南北街，一个在村东头，一个在西头，隔着一里路。咱这个围子墙以前没有北门，有东门、西门和两个南门，当时有个

---

① “永垂不朽”碑，光绪十二年九月初九日立。参见潍坊市寒亭区禹王台历史民俗文化研究会编：《风雨沧桑禹王台》（内部刊物），2014 年，第 56～57 页。

② 参见民国《潍县志稿》卷十三《民社·户口》。

南北道，关帝庙对着道，冲着老百姓的房子……围墙是抗日战争时期有的，我小时候有个土墙，当地游击队发展起来以后才修的。日本鬼子来的时候，他们就修墙、修大门，有站岗的。东边有个大门，也有站岗的。日本鬼子走了，张景月的部队就来了，也在那里修。以前我这屋子前面是个前街，现在朝东朝南开始发展了。以前台子在西南，庄在台子的东北，台西没有房子，台北有。也就是说台子在庄尾，南边有围子墙，是接着台子建的，台西的围子墙也接着台子。过去台子在庄外，现在在庄子里面了，西边、南边都有屋子。[①]

同样，出生于1935年的陈邦杰老先生，对20世纪40年代的村落情形也是记忆犹新：

（为什么建围子墙）老人说是防土匪，那时土匪多，晚上来抢东西，就筑起来。那个时候国民党来抢东西，和民兵打仗，我那时候是儿童团员，扛着红缨子枪站岗，白天走亲戚得有过路条，上谁家里去都得到村里开个条，不能随便进。那时候儿童团很吃香啊，做政治宣传。[②]

受当时战乱环境的影响，禹王台村很多村民都曾到外面去当兵：

我们那个时候，家里弟兄们多，就得出一个当兵，不去就拿钱，但是经济条件难，国民党那时是拔兵。从1942年、1943年开始就有共产党的活动了，南边也来，北边也来，南边是共产党的军队……这样过了两三年，到了1945年解放[③]了。原来三甲王那里住着个国民党的团部，解放了三甲王，才算彻底解放了。[④]

1945年8月，抗日战争胜利之后，共产党领导的力量即控制了禹王台及其周边地区，禹王台村自然也就获得了解放。此后，虽然1947年国民党重点进攻山东解放区的时候曾一度进占过这一地区，但禹王台村一直都是解放区。1949年10月1日，中华人民共和国成立。禹王台村先是在政策号召下

① 被访谈人：陈发源；访谈人：张宇、王加华；访谈时间：2010年6月17日；访谈地点：禹王台村陈发源家。

② 被访谈人：陈邦杰，男，1935年生，禹王台村村民；访谈人：赵容；访谈时间：2011年5月27日；访谈地点：禹王台村村委会。

③ 禹王台村民口中的“解放前如何”“解放后如何”，多是以1945年抗日战争胜利为分界点的，故本书在叙述相关内容时也遵循村民的这一习惯。

④ 被访谈人：陈发源；访谈人：李生柱；访谈时间：2011年5月27日；访谈地点：禹王台村陈发源家。

成立了互助组，1953年互助组转化为初级社，1957年初级社转为高级社，到1958年又正式成立了人民公社，并开展了轰轰烈烈的“大炼钢铁”运动。人民公社成立后，一切生产资料都被收归集体所有，骡马等大牲畜，车辆等大型劳动工具，都上交给了集体。当时生产队还专门为这些上交的牲畜、器具等登记造册并做了账。当时禹王台村是一个比较富庶的村庄，单是到海边拉盐的大车就能套起32辆。全村有10个生产队，平均每个生产队能摊到3辆车之多；牲口也净是马、骡等能干的大牲口。

1958年底，村里办起了公共食堂，但此后由于三年严重困难，公共食堂很快停办。受当时“浮夸风”的影响，本来亩产500斤，向上级汇报时却说亩产1000斤，于是收获的粮食绝大部分都上交了公粮，导致群众根本没有多少口粮可吃，因此三年严重困难期间，禹王台村所在地区饿死了不少人，尤其是在附近的高里等村。人们到处找吃的，树叶都被吃光了。但对禹王台村来说，由于当时种植了比较多的菠菜，周边野地里的野菜也比较多，因此饿死的人相对并不多。

作为周边地区比较富庶的村庄，只要没有涝灾发生，禹王台村出产的粮食还是比较多的，特别是大豆。在肖家营乡，甚至是在寒亭，禹王台都是主要的大豆产地之一。生产队刚开始的时候，由于有个人耕种时的老底在，土地相对比较肥沃，人们耕、锄等也比较及时，粮食产量还能维持在一个比较高的水平。但到了生产队中后期，随着人们干活积极性的日渐降低及肥料投入的不足，粮食亩产量越来越低，远远比不上生产队初期。在此情势下，人们的口粮也越来越不足。当时全村10个生产队中，很多生产队，比如三队、四队，劳动一年下来，一口人只能分几斤麦子。相比之下，当时的六队算是比较好的一个生产队，不仅分的粮食比较多，年终还能多少分到一些钱。当时可吃的主要粮食是地瓜，其在当地人心目中并不算真正的粮食。“群众主要吃地瓜，够了也行啊，地瓜也不够吃啊！”[①]在这种情况下，村民只能糠菜半年粮，更多的要依靠野菜度日。

① 被访谈人：陈发源；访谈人：王刚、秦海虹、蒙锦贤、武宝丽；访谈时间：2017年10月21日；访谈地点：禹王台村陈发源家。

地瓜(王加华摄)

1966 年,“文化大革命”爆发,禹王台村经历了一段比较混乱的时期。

到 1980 年,村里开始将土地分配给各家各户种植。这其中又经历了几个阶段:先是小段包工,然后是联产计酬,最后是包干到户、联产承包,陆续将土地、牲畜、大型生产工具等分配给了农户。当时平均每口人能分到 1 大亩的土地,合市亩将近 4 亩。刚开始分地到户的时候,大家都不大正经地种地,担心哪天又会被收归集体,后来心态才逐渐安稳下来。不过,虽然当时名义上是将农具等分配到户,但实际上采用的是卖给农户的方式,即农户需要出钱将分配给自己的大车等买下来。这些钱,主要被各个生产队还了饥荒,剩下不多的钱,就按户分配了。本来禹王台村是比较富庶的村庄,但经过 20 多年生产队的历程,却变成了“这一带出了名的穷村”。本来一个生产队能摊到 3 辆多大车,但此时却 1 辆大车也不全了;本来村里全都是骡、马等大牲口,现在骡子都没有了,只剩下了牛、驴。总之,村子的经济情况,比起周边的三甲王、沈家营等村庄要差得远。“咱这个村旁的没有,光棍子青年多,到了结婚年龄不结婚的,咱村里当时有 100 多名。”[①]总之,在生产队时期,由于村民生产积极性不高等原因,禹王台村经济发展非常落后。但土地分配到户后,只用了两三年的时间,基本上打的粮食就够吃了。原来村民的

① 被访谈人:陈发源;访谈人:王刚、秦海虹、蒙锦贤、武宝丽;访谈时间:2017 年 10 月 21 日;访谈地点:禹王台村陈发源家。

吃食以野菜为主，1981年以后，野菜逐渐退出了人们的口粮范围；生产队时期主要吃地瓜，此后地瓜也逐渐减少，玉米、小麦逐步增多。用陈发源老人的话说，现在一家农户打的粮食，都比当时一个生产队多。人们的生活水平日渐提高，村落经济也获得了快速恢复和发展。

历史上禹王台村内的道路一直都是泥土路。由于当地土质黏重，一下大雨，就基本没法走路，想出个村都不容易。由于泥巴路非常容易弄脏鞋子，所以村里人以前都有穿靴子的习惯。为改变这种状况，1994～1996年以及2005～2006年，村里通过村民集资，经过两次规划，对村里的道路进行了改造与修缮，共修筑了1公里多的水泥路，4条总长接近5公里的石子路，将各条街道都连接了起来。这大大方便了村里人的通行，穿靴子的习惯也逐渐消失了。

禹王台村有一个小的集市，起源于何时不得而知，1945年以后一度中断，到1978年才重又恢复起来，每四、九逢集。而禹王台周边的村落也基本都有自己的集市。如肖家营是三、八逢集，距离禹王台约5公里；沈家营是五、十逢集，距离约1公里；南孙亦是五、十逢集，距离约5公里；高里镇是二、七逢集，距离将近10公里；台底是一、六逢集，距离约为1.5公里。另外还有寿光赵家辛章集，二、七逢集，距离约3.5公里。总之，周边绝大多数集市相距禹王台都不超过5公里，且“天天有集”，这大大方便了禹王台村民的经济与日常生活。

集市（王加华摄）

历史上，禹王台村人非常重视教育。清代时期，村里就有开办私塾的传统。1940年，村里曾设立一所完小，接收村民的孩子上学，只是这所学校只维持了一年多即解散了。不过这并未影响村里人送孩子上学的传统与热情，很多孩子继续到附近的台底乡完小上小学，并升入设在寿光侯镇的十五联中读中学。1945年夏，村里光中学生就有20多名。中华人民共和国成立以后，禹王台村又重新开办了一所小学，规模很大，一到六年级均有。由于禹王台村在周边属于比较大的村落，因此学校里的孩子比较多，相应的老师也就比较多。不过，2002年，禹王台小学被合并入沈家营小学。现如今村委会前面的一大片地就是学校的旧址。另，禹王台村村民中当老师的特别多，"光在这个沈家营和台底的就接近10个"。比如陈发源老人，其早年毕业于平度师范，曾参加过土改、田赋征收工作，后又教了30多年书。他说：

> 1945年前我上过学，1948年参加工作，我8岁上学，一直上到1945年，中学时候上进心强，后来去了平度师范。1946年时，村里识字的人很少了，年代在这里呢。以前土改搞宣传什么的，我都参加过，不用站岗抬担架，主要是收田赋、收公粮、搞运输，干了好多年。
>
> 我教了31年书，退休后又返回学校教了4年，一共35年。1980年，我51岁就退休了，孩子接我的班……我的工资那时候在全公社算高的，51块5。[①]

可能是受教师多、村落文化氛围浓厚的影响，禹王台村一直有着很高的升学率，出了很多的大学生，每年高考被录取的至少在5人以上。本科之外，村里还出了两位博士，目前都在北京工作。村里人普遍都比较重视孩子的教育，因此村里年轻人初中毕业后就去打工的情况非常少，"18岁以下孩子打工的不多，几乎没有"。村民对教育也非常舍得投入，"念个初中下来，考不上高中都花钱买啊！差个一分二分的，成万地花"。[②]

禹王台村原来有十几个姓氏，即陈、刘、张、靳、徐、程、王、尹、高、郭、陶、郑、孔、黄等，如今高、郭、陶、孔、郑、黄等均已没有了，现在还有8个姓氏。在

---

① 被访谈人：陈发源；访谈人：张宇、王加华；访谈时间：2010年6月17日；访谈地点：禹王台村陈发源家。

② 被访谈人：陈洪起，男，1954年生，初中文化程度，禹王台村村委会主任；访谈人：王加华；访谈时间：2011年5月27日；访谈地点：禹王台村村委会。

这8个姓氏中，陈姓为第一大族，在全村400户人家中，陈姓即有300多户，人口约占全村人口的3/4。与此相适应，如今村里的领导干部主要由陈姓人担任。如村民说：

咱这个村，姓陈的是大户。村里办事基本上都是姓陈的办。其他姓张的，姓刘的，也是大户，办什么大事、公事时也让他们参加。遇到难处理的事件，姓张的和姓刘的也来参加，但为首的还是姓陈的。过去村里的政权啊，都是掌握在姓陈的手里。①

陈姓外，村里的第二大姓为刘姓，主要分布在村子的西北角，有三四十户。第三大姓为张姓，靳姓则为第四大姓，各有一二十户，主要分布在村子的东北角。

不过，虽然陈姓是村里的第一大姓，但他们却不是最早迁入禹王台村的姓氏。据《潍坊市寒亭区地名资料汇编》所记，最早迁入的两个姓氏为刘、陈二姓。但据村民们的说法，刘姓和张姓才是最早迁入的两个姓氏——村民称他们为"坐地户"，然后靳、陈次之。对此，村里有顺口溜说："张、刘二户，靳家后入，姓陈的压得东张西刘。"虽然陈姓晚来，但其繁衍非常快，很快在人口数量上超过了刘、张二姓及其他姓氏而成为村里的第一大姓。据村民讲：

什么年代立的这个村很难说。就我知道的，这个村西头叫"刘家庄"，东头叫"尹家庄"。姓陈的一来呢，压得东张西刘，这两个户就不兴旺了。还有一个传说就是"老根子不发芽"。就农村来说，一般哪个村哪个姓先搬过来的，哪个姓就不旺。②

作为最早迁入禹王台村的姓氏，刘姓自何而来，不得而知。据《潍坊市寒亭区地名资料汇编》记载，只知其为元代末年迁移而来。传说刘姓迁到禹王台村后，某位族人不知是做了什么恶，还是偷了人家的东西，官府得知后要来抓他。不料这天晚上突然刮起了一阵大风，将这位刘姓族人全家都刮到四五十公里之外去了，也就是现在的昌乐县朱刘街道刘坤村。对此，当地人称之为"大风刮了刘坤去"，也就是说刘坤庄是从禹王台这边刮过去的。

① 被访谈人：陈发源；访谈人：李生杜；访谈时间：2011年5月27日；访谈地点：禹王台村陈发源家。

② 被访谈人：陈金友；访谈人：王加华；访谈时间：2010年6月17日；访谈地点：禹王台村村委会。

而在被刮走的人家处，则形成了一个大坑，也就是后来的刘家湾。[①] 按此传说，刘坤庄之刘姓族人，似是由禹王台村迁移而去的。据百度百科资料，刘坤村始建于清代，是刘坤一支的后代迁入而建立的。[②] 只是，如今禹王台刘姓与刘坤村刘姓之间已没有任何往来。

至于最大的姓氏陈姓之来源，说法不一。一说来源于河北沧州，一说来源于山西洪洞。河北沧州说，据2011年《陈氏二支禹王台分支谱序》所言："吾陈氏始祖(讳)大观原籍沧州，元末至正八年举潍州刺史因入籍潍邑，后分三支，其中二支多散居农村，四世恺聪二祖永乐十四年移居禹王台村，至今繁衍到二十五世，分成十多个小支，八世共存，族史罕见，平均寿命达七十多岁，可谓盛旺。"不过，与此相矛盾的是，在2010年6月所进行的访谈中，陈发源老人又说陈姓始祖来自山西洪洞：

> 根据潍坊陈氏家谱，唱戏唱的陈大观上坟中的陈大观，他的叔叔是陈官俊，就是陈介祺的父亲，是个很出名的金石学家。他就是我们陈氏的头辈，就是从山西老槐树底直接搬来潍坊的。可能是洪武年间搬来的，大概是洪武二年。当时搬到这里，我们姓陈的是三支，长支、二支、三支。我属于二支的，我们和龙爪树村、黑埠子是同一支姓陈的，这三个村的谱系能续起来。三支和长支可能是住城里。有人写了一个陈氏家谱，把出名的人都记了下来。我们这一支从明朝到现在都没有很出息的人。[③]

关于老潍县陈姓家族之来源，据民国《潍县志稿》卷十二《民社·氏族》所载，潍县陈氏共有十二族，其中的"一族始祖大，又名大观，元河间路沧州人，因先世宦潍州，遂家焉"，"一族明洪武初由山西洪洞县迁潍县城内，至十三世怀成居朱马庄，是为陈家朱马"。这其中提到了陈发源老人所说的"陈大观""山西洪洞"等相关信息，但不确定这二族与禹王台陈姓是否就有直接关系。另外，关于最早迁入潍县陈姓始祖之名讳，除陈大观

---

① 被访谈人：刘殿勇；访谈人：李生柱；访谈时间：2011年5月28日；访谈地点：禹王台村刘殿勇家。

② 参见百度百科"刘坤村"词条，2017年9月16日，https://baike.baidu.com/item/%E5%88%98%E5%9D%A4%E6%9D%91/4992771? fr=aladdin.

③ 被访谈人：陈发源；访谈人：张宇、王加华；访谈时间：2010年6月17日；访谈地点：禹王台村陈发源家。

外，还有陈世能之说。①

不过，禹王台陈氏家族并非直接由河北沧州或山西洪洞迁入本村，而是先迁到潍县县城，然后又从县城迁入本村。迁入禹王台村的具体时间，为明永乐十四年(1416 年)。对此，2011 年所修《潍县陈氏二支禹王台分支族谱》所载明崇祯七年(1634 年)《初修族谱序》曰："永乐十四年，恺、聪二祖迁居禹台。"如今，禹王台村陈姓的最小辈分为第二十五世。2011 年《陈氏二支禹王台分支谱序》曰："四世恺、聪二祖永乐十四年移居禹王台村，至今繁衍到二十五世。"也就是说，从陈姓先祖迁入禹王台村，至今已繁衍了二十四世。若按一世 30 年计算，则陈姓迁入禹王台村的时间，已有 700 年左右，差不多正处于元末明初时期。

家谱(王加华摄)

陈姓迁入禹王台村后，不断繁衍壮大，据《陈氏二支禹王台分支谱序》可知，"分成十多个小支"。但据访谈，一说又分为了三支。如据陈发源老人所言："陈姓来这个村里以后分了三支，我是二支的，我们这个二支繁衍很大。全村 400 多户，姓陈的占 300 多户，我们二支就有 200 多户，占了 2/3 啊！"二支由于人口多，因此长辈也多。"过去，春节的时候，我们这一支长辈比较多，别的支的都来磕头，都要来拜这个家堂轴子。"相比之下，三支的人口则

① 被访谈人：陈金友；访谈人：王加华；访谈时间：2010 年 6 月 17 日；访谈地点：禹王台村村委会。

最少。[①] 一说陈姓过来之后，又分为了七八支，“我们这个村陈姓都是一个老祖宗过来的，过来之后又分了七八支”[②]。但不管后来分为几支，陈姓逐步壮大为禹王台村的最大姓氏却是不争的事实。不过，虽然陈姓是村里的最大姓氏，却没有修撰本村自己家族的家谱。村民陈洪起说：

修谱是件麻烦事。比如说女孩子上谱不上谱？不上谱呢，她还是五服以内的；上谱呢，还没有女孩子上家谱的传统。所以修谱的事就一直拖着没办。[③]

家堂轴子（王加华摄）

据在村民中流传的故事，陈姓刚迁入村里时，力量比较弱小，一直被先期迁入的张姓压制着。当时张姓不仅族人众多，还出了一个进士，势力强大。一次，一位陈姓族人去世，他们就想将他埋在村边的一块坟地里，结果张姓坚决不让他们埋在那里。为此，刘姓族人很是看不惯，便出动了 40 多人

① 被访谈人：陈发源；访谈人：张宇、王加华；访谈时间：2010 年 6 月 17 日；访谈地点：禹王台村陈发源家。不过，陈发源老人的大儿子陈在华又提供了另一种说法，即他们家所在的这一支，虽总体上说是潍县陈氏二支，但就禹王台村来说，他们却是长支（被访谈人：陈在华；访谈人：王加华；访谈时间：2017 年 10 月 21 日；访谈地点：禹王台村陈发源家）。

② 被访谈人：陈金友；访谈人：王加华；访谈时间：2010 年 6 月 17 日；访谈地点：禹王台村村委会。

③ 被访谈人：陈洪起；访谈人：杨文文；访谈时间：2010 年 6 月 17 日；访谈地点：禹王台村村委会。

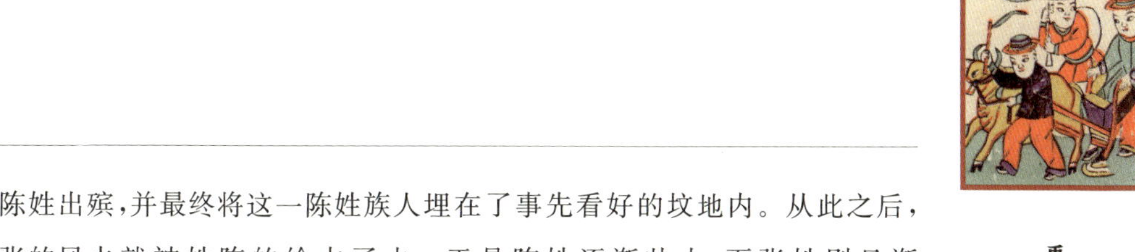

帮陈姓出殡，并最终将这一陈姓族人埋在了事先看好的坟地内。从此之后，姓张的风水就被姓陈的给占了去。于是陈姓逐渐壮大，而张姓则日渐衰弱。[1]

据上述口耳相传的传说，在当年陈姓弱小之时，刘姓曾主动帮过他们，但这并不代表在此后的岁月中，陈、刘二姓就一直保持着良好的族际关系，有时亦会有矛盾发生。比如抗日战争时期，村里就发生了一起围绕陈、刘二族的恶性事件，不过最终得到了圆满解决：

> 姓陈的在姓刘的家里赌钱，两个人因为一点小事打起架来。这个姓陈的就在刘家天井边的枣树上吊死了。过去吊死是村里的大事了，死者家属就去找陈清代出面处理此事，当时陈姓事务一般都由他管。其实，清代已经知道这件事了。清代就说："这个事咱不能出头，在他家里吊死的人，他应该找人来说话啊。他不找人来说，咱去上他家去说啊？"这家姓刘的呢，一看在他家吊死了人，就去台底找了姓傅的、姓侯的两个有权力人的来说话。他们商量的意思是：别看姓刘的人数少，但也是个大户，处理这件事得让这家姓刘的能过得去，别弄得人家倾家荡产。商量后决定不管怎么样，就赔偿姓陈的200块大洋，不管出殡。这下死者家属不乐意了，一条人命呢，就200块钱吗？清代说："不行您自己去办啊，俺就这么大的能耐。"后来，村民都说这事办得不错。结果就是，这户姓刘的没有卖地，让家里两个闺女找了婆家，收了200块大洋赔给了姓陈的。[2]

当然，这并不是说历史上陈、刘、张等诸姓之间一直就矛盾不断，事实上，各家族之间的关系还是比较和谐的，死人之事只是偶然性的事件。

二、村落经济

禹王台村位于潍北平原北部，地貌属滨海冲积平原，土壤类型主要为冲

① 被访谈人：陈阳侯，男，1935年生，禹王台村人；访谈人：李生柱，访谈时间：2011年5月28日；访谈地点：禹王台村村委会。

② 被访谈人：陈发源；访谈人：李生柱；访谈时间：2011年5月27日；访谈地点：禹王台村陈发源家。

积的亚砂土及粉细砂。地势南高北低，平均海拔约 4.4 米。区域气候属暖温带半干燥季风区，春季干燥多风，夏季炎热多雨，秋季先雨后旱，冬季寒冷雪稀，无霜期一般为 190 天。年平均气温约为 12.2℃，年平均降水量约 646 毫米。[1] 与此自然条件相适应，长期以来，农业一直是禹王台村最为主要的经济部门与收入来源。

禹王台村的耕地主要分布在村子的南方、北方和东方三个方向。从种植条件来说，村落东南部的土地最好，因为有水井，可以进行灌溉；从土质的角度来说，村落南部的耕地质量最好，为黄土，而北、东、西三面的土则都是黑土。黑土含有比较多的盐碱，一下雨就特别黏。目前，禹王台村共有 1200 多口人，耕地 2700 多亩，人均占有耕地 2 亩多一点。不过，随着当下外出务工的人越来越多，种地的人家日渐减少，许多人家就将自己的耕地转包给了其他家户，导致村民种植的耕地面积存在较大的户际差异：有的家户种植面积超过 20 亩，有的家户则根本不再种地。

对于历史上禹王台及其周边村落的农业生产情况，清嘉庆年间进士、潍县当地人傅廷兰曾在《民台十景诗》序中说："春则麦浪千顷，夏则黄云十里，秋来秫熟，红玉覆地。"在《麦畦翻浪》诗中说："千顷麦苗万顷波，麦畦浑似菜畦多。"在《稻园澄波》诗中说："秧马骑来罢火耕，水田是处足香粳。秋成刈尽波千顷，月映空潭一片明。"其中提到了三种当地种植的作物，即麦子、高粱与水稻。据村民访谈可知，除这几种作物外，以前还曾种过谷子、大豆等各种五谷杂粮，经济作物则有棉花。整体言之，20 世纪 80 年代以前，禹王台村种植最多的作物是地瓜，为村民的主食。为储存地瓜种，生产队时期，人们还专门在禹王台挖了多孔洞穴。不过，20 世 80 年代以后，地瓜种植的面积逐步减少，如今更是很少种了。通常每家每户也就种植个一两百棵，以供自家食用。此外，种植比较多的就是谷子与高粱，尤其是集体化时期，"净指着种(即主要种植的意思)谷、蜀黍、地瓜"[2]。

如今，禹王台村种植的主要粮食作物是小麦和玉米(当地俗称"棒子")。

---

① 参见潍坊市寒亭区民政局编：《潍坊市寒亭区地名资料汇编》(内部资料)，2004 年，第 1 页。

② 被访谈人：陈洪起；访谈人：王加华；访谈时间：2011 年 5 月 27 日；访谈地点：禹王台村村委会。

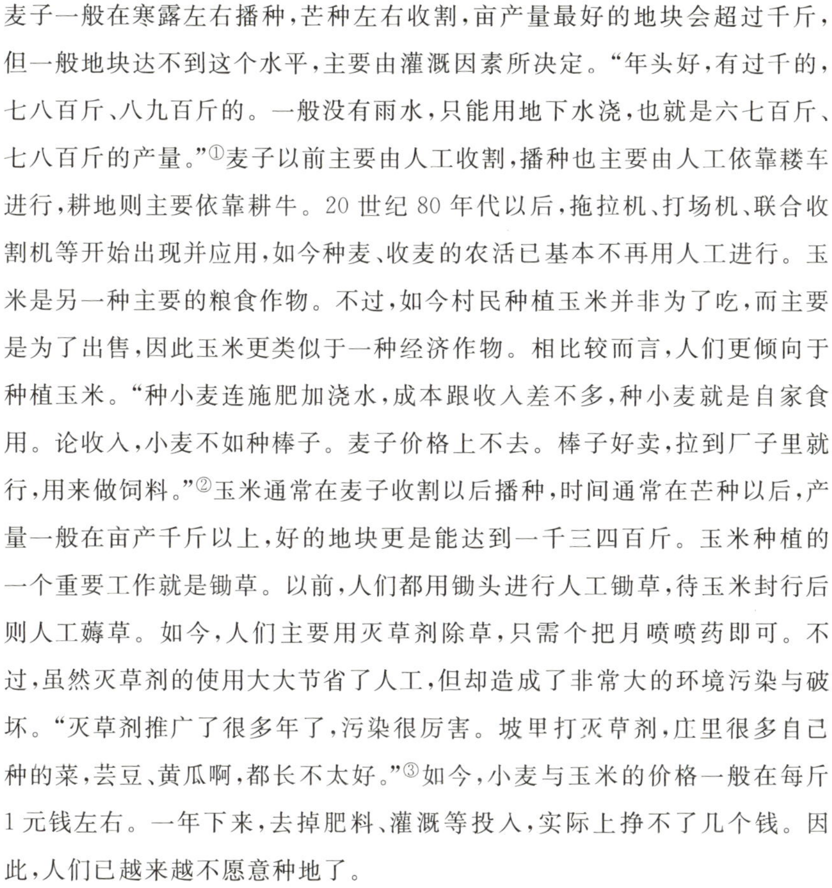

麦子一般在寒露左右播种，芒种左右收割，亩产量最好的地块会超过千斤，但一般地块达不到这个水平，主要由灌溉因素所决定。“年头好，有过千的，七八百斤、八九百斤的。一般没有雨水，只能用地下水浇，也就是六七百斤、七八百斤的产量。”①麦子以前主要由人工收割，播种也主要由人工依靠耧车进行，耕地则主要依靠耕牛。20 世纪 80 年代以后，拖拉机、打场机、联合收割机等开始出现并应用，如今种麦、收麦的农活已基本不再用人工进行。玉米是另一种主要的粮食作物。不过，如今村民种植玉米并非为了吃，而主要是为了出售，因此玉米更类似于一种经济作物。相比较而言，人们更倾向于种植玉米。“种小麦连施肥加浇水，成本跟收入差不多，种小麦就是自家食用。论收入，小麦不如种棒子。麦子价格上不去。棒子好卖，拉到厂子里就行，用来做饲料。”②玉米通常在麦子收割以后播种，时间通常在芒种以后，产量一般在亩产千斤以上，好的地块更是能达到一千三四百斤。玉米种植的一个重要工作就是锄草。以前，人们都用锄头进行人工锄草，待玉米封行后则人工薅草。如今，人们主要用灭草剂除草，只需个把月喷喷药即可。不过，虽然灭草剂的使用大大节省了人工，但却造成了非常大的环境污染与破坏。“灭草剂推广了很多年了，污染很厉害。坡里打灭草剂，庄里很多自己种的菜，芸豆、黄瓜啊，都长不太好。”③如今，小麦与玉米的价格一般在每斤 1 元钱左右。一年下来，去掉肥料、灌溉等投入，实际上挣不了几个钱。因此，人们已越来越不愿意种地了。

除小麦、玉米外，今天禹王台村种植比较多的粮食作物还有谷子，即小米。历史上，禹王台村一直就有谷子种植，在一段时期内甚至还是村里的主要作物之一。不过 20 世纪 80 年代以后，随着小麦、玉米的大面积连茬种植，谷子的种植面积日益减少。但 2008 年左右，在寒亭区农经局的推动下，村里谷子种植的面积又获得了很大增长。农经局专门派出工作人员到村里，通过村里的广播喇叭向大家宣传推广春谷种植。农经局提供种子，并和种植

① 被访谈人：陈洪起；访谈人：王加华；访谈时间：2011 年 5 月 27 日；访谈地点：禹王台村村委会。

② 被访谈人：陈发源；访谈人：李生柱；访谈时间：2011 年 5 月 27 日；访谈地点：禹王台村陈发源家。

③ 被访谈人：陈月龙，男，1939 年生，禹王台村村民，原禹王台庙宇看门人；访谈人：王加华；访谈时间：2011 年 5 月 27 日；访谈地点：禹王台庙看门处。

的农户签订收购合同,直接收购谷子,价格是 2.8 元一斤,然后再由他们加工成小米向市场出售。春谷种植只施有机肥(当地称“一级肥”),不施速效肥,不准自己打农药。若生了虫,会由农经局提供一种药物,撒到地里使用。谷子虽然产量较低,但由于价格较高,算下来收益要远比小麦、玉米为高。因此,第一年宣传推广后,不少农户就与农经局签订了种植合同,总种植面积有 100 亩左右。农经局与种植户的合同一年一签,春天签订,秋收后便来收购。按合同规定,所有收获的谷子必须要充分晾干,然后用吹风机吹掉谷糠,最后再过秤收购。

麦地(王加华摄)

棉花是目前禹王台村种植面积最多的经济作物,而村里原来最主要的经济作物是黄麻,后来由于黄麻收入不如棉花高,而逐步让位于棉花。黄麻是一种重要的国防用品,收获后主要是卖交给国家。历史上,禹王台村一直就有棉花的种植,而禹王台顶上亦曾有种植。傅廷兰在《民台十景诗》序中曾说:“大禹庙二垣之西,为道人种棉花艺谷处。”只是,在 20 世纪 70 年代以前,本村棉花种植面积并不大,主要是一家一户种一点自用,如套被褥、棉衣等。1972 年前后,棉花的种植面积开始扩大。1976 年开始个人承包土地后,当时的第二生产队曾在队长陈洪起的带领下,在全队 370 多亩耕地中,专门划拨出了 60 亩地种棉花。如今,村里的棉花种植面积最多的时候有 1000 亩左右，最少的时候也有几百亩。这主要是因为棉花的收购价格起伏比较大——虽然有收购保护价，村民总是会根据价格的高低而相应作出种植的调整。“前两年价格低，去年就种得少了。结果去年价格又提起来了，到了7块多，今年种得又多了。别看今年种得多，价格未必高。”①

谷秸堆（王加华摄）

当地农谚曰：“枣树发芽种棉花。”也就是说，枣树发芽的时候人们即开始播种棉花，时间约在谷雨时节，即每年的4月20日前后。以前播种方式主要是人工点播，但近些年来开始主要使用机械播种。为了能够提前收获，近些年来，用薄膜覆盖的种植技术得到了越来越广泛的推广，这样能提高地温，早几天播种，成熟也会早一些。以前覆盖薄膜主要由人工进行，后来出现了薄膜覆盖机，如今专门的棉花播种机则可在播种的同时完成地膜覆盖。待棉苗出土并长到一定高度后，便定苗，即间苗。棉花在整个生长期内都需要勤加管理，其中最重要的工作有两项，即除草与除虫。以前，人们用锄头人工除草，如今则主要是打灭草剂。除虫的主要办法是打农药。近些年来，棉花虫害严重，一个星期要打几遍农药才会见效，非常累人。白露左右，棉花开始陆续吐絮成熟，秋分、寒露时节开始进入收获高峰期，通常整个收获

① 被访谈人：陈洪起；访谈人：王加华；访谈时间：2011年5月27日；访谈地点：禹王台村村委会。

期要持续一个多月的时间，收获的方式是人工摘取——这是目前唯一还主要依靠人工的作业流程。“现在种棉花全都用机器了，拔棉花柴也是机械化，就是摘棉花还没用。也有用的，但很少。棉花机械化在我们这里，起码得有10年了。”[①]今天，人们通常在霜降以后给棉田打催棉剂，这样棉桃就能在差不多同一时间内吐絮开放，因此大大缩短了收获时间。霜降以后，棉花大体收获完毕，这时村里的老人就可以到棉田中捡拾遗留的棉桃了。

棉花的亩产量通常在五六百斤左右（籽棉），最近几年的价格一般为每斤7元钱左右，只是每年都会有一定的浮动。但总体而言，棉花还是一种收入比较高的作物。“7块3毛钱一斤。一亩地就能卖3800多块钱。除去买薄膜、种子、肥料、农药花的400多块钱，还剩下3000多。收入还比较可观！”由于收入较高，因此很多人家都将家中的土地种了棉花，甚至还会承包别人家的土地来种植棉花，结果导致基本没有粮食作物种植，这样吃饭也就成了问题。但好在如今商品流通发达，“有馒头房，有火烧铺子”。不过，虽然收入较高，棉花种植却是比较累人的一项活计，除了自家劳力外，很多时候还需雇人打药、采摘等。以前，村民之间相互帮扶的现象非常普遍，今天你帮我家干活，明天我帮你家干活。但20世纪90年代之后，这种相互帮扶的现象日益减少，而逐渐被劳动力雇佣代替。“以前村民之间相互帮忙干农活的很多，不收钱。现在不行了，干什么都是雇人。有事了也不好意思让人家白干，毕竟人家在外边一天能挣好几百块钱。”[②]正因为比较耗费人工，所以很少有农户将自己的土地全部用来种植棉花，而是各种作物相互搭配种植，以便在劳作时间上能相互错开。比如棉花和谷子：棉花是在4月20日左右种植，春谷则在5月中旬；谷子在阴历八月十五左右即收获完毕，而棉花则通常到九月初开始采摘。

枣树种植也是禹王台村村民的重要收入来源之一，据村民说：

俺这个村自古以来就有枣树。解放战争打潍坊，我出了三四棵大枣树，这么粗细的（比划），支援前方用柴火。当时我当闾长，没柴火，我

① 被访谈人：陈月龙；访谈人：王加华；访谈时间：2011年5月27日；访谈地点：禹王台庙看门处。

② 被访谈人：陈月龙；访谈人：王加华；访谈时间：2011年5月27日；访谈地点：禹王台庙看门处。

说出树，一棵就拉一车。年年枣都收很多，过去是一斤豆子换一斤枣啊。①

确实，走在禹王台村的街道上，随处可见粗大的枣树，有的树龄甚至已达上百年。只是，以前的枣树种植主要是一家一户的个别行为，通常只在自家院落内或周围栽种几棵。枣树的大面积种植则是最近30年左右的事情，是政府推动的结果。禹王台村南曾有南孙公社的一个园艺场，里面有一定面积的枣树种植，以此为基础，枣树种植在各村逐步推广开来。最初只有少数农户响应了政府的推广，但后来大家发现种枣确实有利可图，于是枣树种植面积逐步扩大。最多的时候，禹王台村共有200多亩，且主要集中在村南的公路两边。

枣树(王加华摄)

枣树的产量很高，一棵10多年树龄的枣树就能产几百斤的枣。普通的鲜枣，价格通常一元多一斤，而大冬枣甚至会高达几十元一斤。枣树一般在阴历三月底发芽，收获期在阴历七八月份，所谓“七月十五枣红鼻，八月十五枣落杆”。收获时，在树下铺好塑料布，然后用棍子敲打，枣落在塑料布上，用吹风机吹掉枣叶即可。收获的枣子主要是外销青岛一带，但也在当地零

① 被访谈人：陈发源；访谈人：李生柱；访谈时间：2011年5月27日；访谈地点：禹王台村陈发源家。

售。“我们这里枣很甜啊，比苹果、梨、杏还好吃。”每逢枣子收获期，都会有村民在公路边摆摊兜售枣子。

枣树种植的初期，由于树形还较小，可于树行之间播种小麦等作物，但随着树龄的增长与树形的增大，就无法再在其间种植粮食作物了。枣树种植亦很费人工，需要经常性地打药，另外还需要多施肥、多浇水。“不打药就不结枣。一年得打好几回药。不施肥不行，施肥不够也不行。不浇水也不行，近几年下雨少，得浇水。”[①]最近几年，受虫害等影响，枣树的产量普遍不高，价格亦上不去，这导致枣树的种植面积在逐渐减少。“这两年枣树虫子很多，有一种虫子叫‘叶蝉’，啃得很厉害，一年都没有多少收成……现在又要外出打工挣钱，还想种着枣树地，还有农田要照管，枣树打药往往不及时。”[②]为此，很多人家不得不砍掉了自己的枣树。如村民讲：

> 枣易招虫子，下雨天还容易烂，收成不高。而且现在枣一毛钱一斤，卖不了钱。还不如种庄稼，现在一斤棒子就卖一块多，打上1000斤棒子就1000多块。[③]

禹王台村村民的重要收入来源还有养殖业。一是蘑菇养殖，且户数还比较多。蘑菇养殖主要是用棉花籽皮做培养基，装到塑料袋子里，然后在里面“种”上食用菌，此后经过3个月左右的时间，就可以采摘并进行售卖了。由于村里有大量的棉花种植，因此并不缺少棉花籽皮，从而为蘑菇养殖打下了良好的基础。如此，棉花种植与蘑菇养殖就形成了一个产业链。大体言之，一万斤棉花籽皮，通过养殖蘑菇可以获得1.5万元左右的收入。剥掉皮后剩下的棉花籽仁还可以榨油，亦是一项收入来源。以2011年为例，“一斤棉花籽挣一块多钱，綦好啊！”[④]除蘑菇外，村里还有养殖猪、牛、鹌鹑、蚂蚱等的农户。其中养猪专业户有七八家，最多的存栏量有80多头。通常一年能养三茬猪，一头猪纯收入在200元左右。不过，生猪价格受市场的影响比较

---

① 被访谈人：陈发源；访谈人：李生柱；访谈时间：2011年5月27日；访谈地点：禹王台村陈发源家。

② 被访谈人：陈洪起；访谈人：王加华；访谈时间：2011年5月27日；访谈地点：禹王台村村委会。

③ 被访谈人：陈发源；访谈人：李生柱；访谈时间：2011年5月27日；访谈地点：禹王台村陈发源家。

④ 被访谈人：刘殿勇；访谈人：李生柱；访谈时间：2011年5月28日；访谈地点：禹王台村刘殿勇家。

大,因此养猪的收入并不稳定,会有比较大的浮动。以前喂牛的人家很多,一般一家喂一头,走在街上,时常会发现拴在门口的牛,但最近几年却越来越少了。养鸡、鸭、鹌鹑的农户亦有不少。鹌鹑是在笼子内饲养,主要是卖鹌鹑蛋,但产蛋期一般只能维持1年的时间,所以需要不间断地喂养鹌鹑小苗,待小苗长大并产蛋后,再将上一茬鹌鹑杀掉卖肉。蚂蚱养殖户有10多户。走在禹王台村的村庄外围,不时会发现用塑料与细密纱网搭起的白色蚂蚱养殖大棚。而最令人感到惊奇的是,虽然禹王台村是周边地区范围内狐仙信仰的中心地(详见本书第二、三章),但禹王台村却曾有比较发达的狐狸养殖业,最多的时候曾有10多户养殖狐狸的人家。养殖狐狸的主要目的在于售卖皮毛。据村民说:

> 前几年有养狐狸的,还挺赚钱。台底、党家营、沈家营有养的,咱这里原先养狐狸的也不少。狐狸主要是皮值钱,一张皮能卖到800多块钱。这几年没有养的了,不挣钱啊。①

蚂蚱养殖棚(王加华摄)

禹王台村所在地区,周边地势低洼,有"尧、丹、弥、桂、两于(大于河、小

① 被访谈人:陈爱堂,男,1954年生,原禹王台村会计;访谈人:王加华;访谈时间:2010年6月17日;访谈地点:禹王台村村委会。

于河)、白浪”七条河流汇聚于附近,形成一大片湖泊沼泽地,历史上称之为“别画湖”,即今之禹王湿地。湖泊湿地盛产芦苇、蒲草,也由此带动了当地的手编工艺。对此,光绪年间进士、潍县人陈恒庆曾在《别画湖记》中云:

> 自昌、寿、潍城北行六十余里,即见众河入海之处,汇为一滩,宽广,计地数百顷……滩边则植芦苇,连亘数里。初苗时,如笋如笔,秋日长成,苇粗如竹,刈之可以织席。妇女手艺之敏捷者,一日可成方丈席一具,值银一钱……滩水浅处则植蒲,蒲笋洁白,鲜嫩可食。冬初刈蒲编为暖鞋,编为包裹,或编为蒲团,皆妇女为之。[①]

据以上描述可知,历史上禹王台村周边地区就有草编业存在,如今仍是村里的重要产业之一。所用的原料有两类,一是附近湿地中出产的蒲草及田野中出产的油草(当地俗称),二是人工加工而成的一种类似电线的编织材料。编织的物品主要有篓、筐、篮子、扇子等,有方形、长条形、椭圆形等多种形状,会有专门的公司上门收购,然后用于出口。“编一个就两块钱吧,老头、老太太一天编三个。他们平日闲着没事,挣个生活费。”[②]传统的草编业主要由妇女承担,无论老少,皆有从事此业者。如今,相比于外出务工,草编的收入较低,因此从事此业者多是村中的老人,或是无工作可干的家庭妇女。从事草编业的时间,则通常是在农闲时期。如村民说:

> 现在草编仍然还有,都是些家庭妇女干,农闲时间干一点。原先编小地毯,都出口。用我们当地出产的蒲子,俺这坡里有的是,今年天旱,蒲子都没大出来。原先出了庄就到处都是水、到处都是沟,沟比地还多,蒲子有的是。自己割回来,晒干,再用来编织东西。几乎家家户户的主妇农闲的时候都会干,有来收购的。现在相对来说少多了,都出去打工了,挣钱更多……最早的草编是盘草鞋、蓑衣、蒲扇,很古老了。早先拧草鞋的时候,男的女的都拧,起盖垫一般是男的起,女的很少起。现在一般是女的在做,男的很少了。[③]

---

① (清)陈恒庆:《别画湖记》,转引自潍坊市寒亭区禹王台历史民俗文化研究会编:《风雨沧桑禹王台》(内部刊物),2014年,第25页。

② 被访谈人:陈发源;访谈人:李生柱;访谈时间:2011年5月27日;访谈地点:禹王台村陈发源家。

③ 被访谈人:陈爱堂;访谈人:王加华;访谈时间:2010年6月17日;访谈地点:禹王台村村委会。

农忙的日子不多，农闲的日子多，分两个季节。农忙的时候，只有俺们这些老人编草编，有时我老伴儿编，我做饭炒菜，闲不住，从小就锻炼出来的。农闲的时候，婆婆媳妇就都编，都闲不住，自古以来靠劳动生存的人都没闲着的，你们这一代都是白糖罐里长大的。俺们那时候吃了苦了，打土豪，分土地。我那时候光上县里开会，你看我说话不打怵，就是那么锻炼的。俺这个村是文明村，上大会上发言都是我去，其他老头儿三言两语就没有话说了。①

蒲扇（王加华摄）

除种植业、养殖业、草编业外，禹王台村最主要的收入来源是外出务工。紧挨着村子西边就是320省道，一条向南通往寒亭区和潍坊市区、向北通往渤海海边盐场的公路，外出务工的村民大多从此路来回，一般是在建筑工地和盐场打工。如村民说：

这两年农村老百姓很富裕，种地有不少收入，还常年外出打工。上北面央子那里的盐场干活，男劳力一天的工钱接近200元，家庭妇女的话有七八十块钱，当天清算。央子是滨海开发区，搞卤化，距离央子五

① 被访谈人：陈邦杰；访谈人：赵容；访谈时间：2011年5月27日；访谈地点：禹王台村村委会。

六十里地的村民都去那里干活。有人开车拉着去，一天四五十块钱，干完再拉回来。清晨来接，傍黑来送。很好啊。也有去潍坊干活的……都出去了，你没看庄里都没大有人了，都是车接车送……早晨起来就上公路上等着，很多车来拉，跟着谁都行，反正是当天给工钱……出去打工的人大都在30岁以上，30岁以下的人干什么呢？基本也都出去工作了，在单位里上班，又是在福田，又是在潍坊华丰柴油机厂什么的。[①]

由于年轻人基本都外出务工，因此平常留在村中的大多是60岁以上的不用外出打工或不能外出打工的村民。“打工的占2/3，除了老婆孩子在家里，年轻力壮的都出去打工了，你看村里40岁以下的不大见，都在外边上班或打工。”[②]有些妇女会到潍坊市区干绿化，有车接送，当天去，当天回，而且当天结账，男的一天100多元，女的一天60～80元。具体来说，外出务工人员又可分为两类：一是有相对固定的单位，如福田、华丰柴油机厂等，他们常年在外工作，平时只能歇个星期六、星期天，工资按月结算。二是没有固定单位者，多是在农闲时到盐场、建筑工地等务工，工资通常一日一结，这类人是村中外出务工人员的主流。“早6点多，这路上（西边公路）净是等着坐车出去干活的，就像一个大市场似的，晚上7点以前回来。”[③]两相比较，有固定单位者，若以日均而论，并不如农闲打工者挣得多，但他们的优势在于常年都会有相对固定的收入，劣势则在于其基本无法顾及家中的农活。他们虽在外地工作，但户口基本在村中，因此仍会有一定量的土地。[④] 由于无法顾及土地中的农活，加之农业收益偏低，因此很多人就将自家土地承包了出去，甚或根本就不再要口粮地，很多年轻人更是直接在外买房而不再回村居住。村民陈月龙说：

这村在滨海、在潍坊、在寒亭买楼的很多。小青年一般都不在家住，其实他们在外边并非都有正式工作，真正有铁饭碗的就更没有几

① 被访谈人：陈洪起；访谈人：王加华；访谈时间：2011年5月27日；访谈地点：禹王台村村委会。

② 被访谈人：陈平候，男，1947年生，禹王台村村民，当过40多年的医生，2007年退休；访谈人：李万鹏、吴美云；访谈时间：2011年5月27日；访谈地点：禹王台村村委会。

③ 被访谈人：陈月龙；访谈人：王加华；访谈时间：2011年5月27日；访谈地点：禹王台庙看门处。

④ 相比之下，居住于村中且无土地者并不多，只有二十几人，多是从学校、信用社等退休的“吃国库粮”的职工。

个，户口还都在家里。他们的地有些直接承包出去，有的干脆就不要了。这要搁在以前，不分地可不行。[①]

作为一个传统的农业型村落，如今农业生产在禹王台村经济发展中已不再占有重要地位。而随着现代农业生产技术（如农业机械、除草剂等）的运用及对农业生产重视程度的降低，一年之中纯粹从事农业生产的时间越来越少，更多的精力被投向了工业生产。“现在一年 12 个月，光干农活，连 3 个月也用不了，以前除了冬天，很少有闲着的时候。”[②]整体言之，虽然禹王台村没有厂矿企业，但在农业、养殖业及外出务工等多种收入方式的促进下，如今的禹王台村村貌整洁、道路宽敞、屋舍俨然，是一个较富裕的村庄。而在周边村落中，禹王台村的整体经济水平也是“算不错的”[③]。对于当下的生活，村民总体上也持一种比较满意的态度，尤其是对那些经历过苦日子的老年人来说。“现在生活很幸福啊！俺们做梦也没想到今天的生活！很知足！”[④]2004 年，村民陈顺堂老人专门创作了一首名为《夸咱庄（村）》的歌曲，以赞美当下的美好村落生活。其词如下：

东山升起红太阳，照得大地闪金光。多亏了党的好领导，俺村也成了文明生态庄（咿呀哎吆嗨，咿呀哎吆嗨，俺村也成了文明生态庄）。顺着大道朝前走，咱的村庄变了样，一排排房屋多整齐，红砖红瓦玻璃窗（咿呀哎吆嗨，咿呀哎吆嗨，红砖红瓦玻璃窗）。三大堆不见了，污水垃圾清除光，空气清新无污染，墙壁刷得白又亮（咿呀哎吆嗨，咿呀哎吆嗨，墙壁刷得白又亮）。自来水家家通，电灯电话都安装，摩托车拖拉机，三轮四轮跑遍庄（咿呀哎吆嗨，咿呀哎吆嗨，三轮四轮跑遍庄）。大小彩电家家有，电壶电锅电冰箱，洗衣机呀太阳能，住的是明亮的大宽房（咿呀哎吆嗨，咿呀哎吆嗨，住的是明亮的大宽房）。吃的是精粉细白面，讲的是科技奔小康，计划生育不能忘，想的是国家繁荣又富强（咿呀

① 被访谈人：陈月龙；访谈人：王加华；访谈时间：2011 年 5 月 27 日；访谈地点：禹王台庙看门处。

② 被访谈人：陈月龙；访谈人：王加华；访谈时间：2011 年 5 月 27 日；访谈地点：禹王台庙看门处。

③ 被访谈人：陈洪起；访谈人：王加华；访谈时间：2011 年 5 月 27 日；访谈地点：禹王台村村委会。

④ 被访谈人：陈邦杰；访谈人：赵容；访谈时间：2011 年 5 月 27 日；访谈地点：禹王台村村委会。

哎吆嗨，咿呀哎吆嗨，想的是国家繁荣又富强）。街道平坦又宽敞，花草路灯立两旁，活动室呀门球场，扭完了秧歌把歌唱（咿呀哎吆嗨，咿呀哎吆嗨，扭完了秧歌把歌唱）。锣鼓喧天踩高跷，男女老少喜洋洋，齐心协力共发展，建设和谐社会新村庄（咿呀哎吆嗨，咿呀哎吆嗨，建设和谐社会新村庄）。

同样创作于2004年的《两亲家对嘴》歌，更是对禹王台村的主要经济支柱与美好生活作了讴歌与介绍：

合唱：一根蔓上两朵花呀，春节会上遇到亲家呀。几年不见亲家面呀，见面就把家常拉呀。哎嗨吆吆，哎嗨吆吆，俺的村庄变化大呀，我说我的亲家呀。

亲家甲：你几年没到俺的庄呀，俺那村庄变了样呀。房屋整齐街道宽敞呀，夜晚路灯亮堂堂呀。哎嗨吆吆，哎嗨吆吆，吃的穿的不用愁呀，我说我的亲家呀。

亲家乙：你到俺庄转一转呀，俺的村庄大改观呀。村民住的是小洋楼呀，吃的是绿色食品大馒头呀。哎嗨吆吆，哎嗨吆吆，用的全是电气化呀，我说我的亲家呀。

亲家甲：俺村农业全是机械化呀，经济作物是种棉花呀。等到秋后卖完了，大把的票子手中拿呀。哎嗨吆吆，哎嗨吆吆，全家老少笑哈哈呀，我说我的亲家呀。

亲家乙：俺村搞的是多种经营呀，养鸡养鸭种大棚呀。一年下来算一算呀，样样都是好收成呀。哎嗨吆吆，哎嗨吆吆，全家老少笑盈盈呀，我说我的亲家呀。

亲家甲：咱区北部大开发呀，俺村的农民把工打呀。一天能挣几十块呀，手里有钱尽着花呀。哎嗨吆吆，哎嗨吆吆，改革开放就是好呀，我说我的亲家呀。

亲家乙：咱村的劳力去进城呀，干了建筑干运营呀。饭店超市把活儿干呀，怀揣现金回家中呀。哎嗨吆吆，哎嗨吆吆，改革开放就是行呀，我说我的亲家呀。

亲家甲：俺村文娱活动搞得好呀，唱歌跳舞真热闹呀。吕剧京剧都唱唱呀，老年人还练健身操呀。哎嗨吆吆，哎嗨吆吆，心情舒畅身体好

呀，我说我的亲家呀。

亲家乙：俺村文娱活动搞得也不孬呀，农闲季节把鼓敲呀。扭完了秧歌踩高跷呀，你到俺村来瞧瞧呀。哎嗨吆吆，哎嗨吆吆，你说热闹不热闹呀，我说我的亲家呀。

合唱：你也夸来我也夸呀，咱们的村庄都不差呀。等到来年再相会呀，更多的喜事接着拉呀。哎嗨吆吆，哎嗨吆吆，幸福生活多美好呀，我说我的亲家呀。

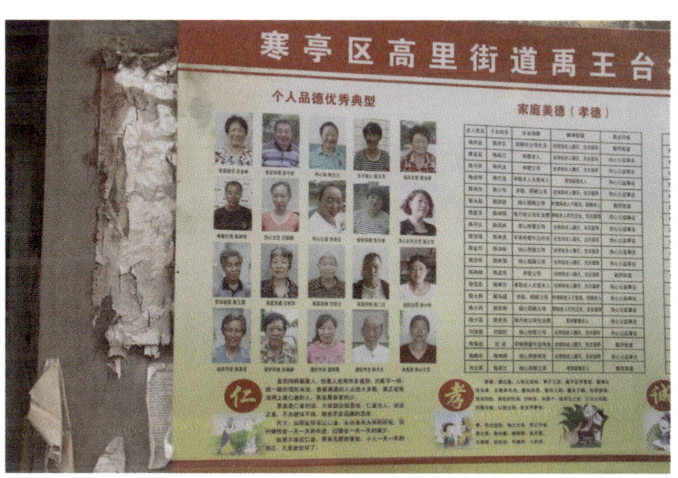

四德榜（王加华摄）

三、村落与水

水对禹王台村人的日常生活有很大的影响。一方面，由于禹王台所在地区地势低洼、七河汇集，因此一到降雨时节，往往就大水成灾。据村民回忆：

我们这里十年九涝，一遇涝灾，没办法，就吃国家救济粮。从1974年到现在一直没发过水。我印象中1974年、1964年水特别大，再就是1949年。庄稼受涝严重，颗粒不收。[①]

① 被访谈人：陈月龙；访谈人：王加华；访谈时间：2011年5月27日；访谈地点：禹王台庙看门处。

过去俺这个地方是十年九涝。在秋天时，出了门就淌水。俺这个庄比较高，出去这个庄就是水。从这里到西南，出去二三百米就淌水。庄前面也淌水。人们都说俺这个庄跟船似的，那个台就是个桅杆。过去转遭尽水(周围全都是水)。[①]

但另一方面，非降雨季节，往往又干旱成灾。虽然临近禹王湿地，禹王台村却没有多少灌溉用水。"说咱们这里是禹王湿地，但是没有水。向东下去 5 里路，那里的水哗哗的，有的是。"[②]同时，由于当地地势低洼，靠近渤海，导致地下水质量不佳，根本无法用来灌溉农田。"咱这里地下水不行啊！忒咸，有卤，浇出地来不行。"[③]

芦苇荡(王加华摄)

确实，受地势及自然环境之影响，禹王台村所在区域，历史上一直就水旱灾频发，既有"十年九涝"之说，又有"十年九旱"之说。据不完全统计，从明代建立潍县城到清末的 535 年间，潍县共发生了 52 次大的旱灾。民国期间，旱灾发生 5 次。1961～1988 年，大旱 6 次，偏旱 6 次。禹王台村民记忆最为

① 被访谈人：陈发源；访谈人：李生柱；访谈时间：2011 年 5 月 27 日；访谈地点：禹王台村陈发源家。

② 被访谈人：陈发源；访谈人：李生柱；访谈时间：2011 年 5 月 27 日；访谈地点：禹王台村陈发源家。

③ 被访谈人：陈洪起；访谈人：王加华；访谈时间：2011 年 5 月 27 日；访谈地点：禹王台村村委会。

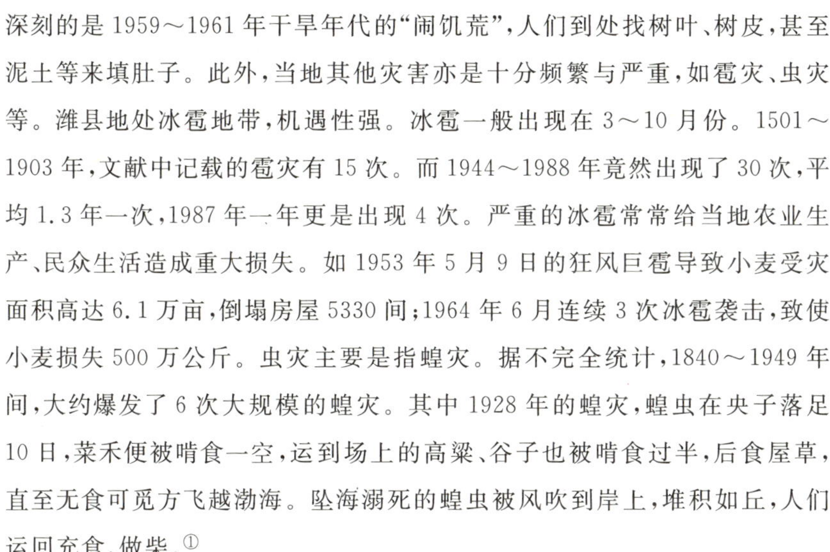

深刻的是1959～1961年干旱年代的“闹饥荒”，人们到处找树叶、树皮，甚至泥土等来填肚子。此外，当地其他灾害亦是十分频繁与严重，如雹灾、虫灾等。潍县地处冰雹地带，机遇性强。冰雹一般出现在3～10月份。1501～1903年，文献中记载的雹灾有15次。而1944～1988年竟然出现了30次，平均1.3年一次，1987年一年更是出现4次。严重的冰雹常常给当地农业生产、民众生活造成重大损失。如1953年5月9日的狂风巨雹导致小麦受灾面积高达6.1万亩，倒塌房屋5330间；1964年6月连续3次冰雹袭击，致使小麦损失500万公斤。虫灾主要是指蝗灾。据不完全统计，1840～1949年间，大约爆发了6次大规模的蝗灾。其中1928年的蝗灾，蝗虫在央子落足10日，菜禾便被啃食一空，运到场上的高粱、谷子也被啃食过半，后食屋草，直至无食可觅方飞越渤海。坠海溺死的蝗虫被风吹到岸上，堆积如丘，人们运回充食、做柴。①

对于禹王台村所在地域的水旱灾害，历史上多有诗词予以记述。比如郑板桥的《禹王台北勘灾》诗：“沧海茫茫水接天，草中时见一畦田。波涛过处皆盐卤，自古何曾说有年。”传说他还写过一首四言诗：“尧丹弥桂，两于白狼，七河汇海，一片汪洋。随波逐流，沦为匪娼，民生维艰，百侪彷徨。”灾荒发生时，当地居民不得不卖儿卖女，或举家外出逃荒。对此，魏来朋②曾作《鬻子行》诗，郑板桥亦曾作《逃荒行》与《还家行》诗。其中魏来朋的《鬻子行》诗曰：

> 潍北邑当丁丑年，沿海村落少炊烟。无麦无禾空赤地，家家真乃如磬悬。膝下娇儿莫能蓄，百许铜钱即便鬻。但令得主免饥饿，宁甘下贱为人仆。交钱交儿说分明，交钱儿不随人行。翁亦无奈强作色，驱之使去终不能。望儿挥手频频打，旁观谁是解救者？频打频来怀中藏，儿声长号翁如哑。我偶见此心酸辛，叹息父子本天真。翁恐领回填沟壑，儿惟知恋骨肉亲。仁至义尽两得之，心欲周济愧无资。③

① 参见山东省潍坊市寒亭区史志编纂委员会：《寒亭区志》，齐鲁书社1992年版，第111～114页。

② 魏来朋，民国《潍县志稿·人物·文学》曰：“魏来朋，字振远，号槐菴，城北温庄人。乾隆举人，以学行名乡里，工诗。”

③ 以上诗歌俱转引自潍坊市寒亭区禹王台历史民俗文化研究会编：《风雨沧桑禹王台》（内部刊物），2014年，第10～13页。

面对频发的水旱灾害，在“看天吃饭”的年代，人们只能不时求助于神灵。20世纪80年代之前，每逢旱灾，村里的老太太们或神婆就组织人们进行求雨，以求神灵降落甘霖、缓解旱情。祈雨活动一般较大，有时候会达到一两百人的规模，但小孩子一般不去。祈雨的对象是禹王，她们带着香火、黄表纸等，来到禹王台之上的禹王庙前，虔诚跪拜求雨。而发生涝灾大水时，人们也会祈求神灵的救助，求助的对象是大禹、狐仙等。而之所以要向禹王祈雨，同时也求他治水，就是因为他不仅能治水患，还能控制水。据村民说：

他不是治发大水，他是控制水。据说1974年发大水的时候，水太厉害了，整个村周围都是水，但这水就是不进庄。村民说是因为老太太们上台子求的禹王。周围都是墙倒屋塌，这个庄就是一点事儿都没有。[①]

总之，水是禹王台村的一个大问题，也是引发狐仙信仰的一条重要线索。从传说中最初的大禹治水而建禹王台，到跟随禹王而来的狐仙，乃至向禹王祈雨、向狐仙祈神水，都说明了这一点。

由于地下水咸卤、碱性大，人们不仅无法用之灌溉农田，就连日常生活用水也多有不便，因为都是咸水，非常难喝，且对人们的身体健康造成了不良影响，如村民讲：

咱们这个村老百姓牙齿都不像样。为什么？就是因为水很咸，含氟很高。我们这里腿疼的、腰疼的，很多。牙齿没有好的，从小就喝这样的水。比如说，我们这里起坟，挖出来的骨头都是黄的。[②]

正是由于当地水质问题而导致村民多发疾病，村里才盛行向狐仙求神水以治病的现象。据村民陈顺堂回忆，以前很长一段时间时兴到禹王台狐仙洞前求神水治病，有村民认为神水可治疗由水源问题导致的腿疼、腰疼等疾病，因此每天前来求神水的人络绎不绝，甚至排着长队。即使是在“文化大革命”时期，禁止迷信活动，派出所的人负责监管，也没有阻止人们对狐仙

① 被访谈人：陈洪起；访谈人：杨文文；访谈时间：2010年6月17日；访谈地点：禹王台村村委会。

② 被访谈人：陈发源；访谈人：李生柱；访谈时间：2011年5月27日；访谈地点：禹王台村陈发源家。

的虔诚信仰。村民陈顺堂回忆说：

派出所的人还没来赶村民的时候，我跟着进去看，有人拿着一个瓶子，瓶口有个纸叠的漏斗，他磕完头出来后，瓶子里就有水了，那个水有白的、绿的、似黑不黑的，还有黄色的。这就是神水，家里有病人的话，就给病人喝。[①]

禹王台村村民关于饮用水的记忆是充满苦涩的，而这种记忆又多围绕着刘家湾展开。20世纪80年代以前，刘家湾对于全村人来说是十分重要的，村民的生活用水（包括饮用水）都来自湾里。而湾里的储水完全依靠下雨，要是赶上天不下雨，村民的饮水就会出现问题。20世纪80年代，为了解决村里用水的问题，上级决定把这个湾改造成一个储水池，然后从附近水库往这里引水，但是没有成功。如村民说：

公社的时候庄里不是缺水吗？俺们就借着这个湾，挖了个大水池，周围用石头糊了起来。从××水库往这里泄水，保证每个村的生活用水、牲畜用水。但是，塑起来后也没大管用，水放不进去。弄这个水池可费劲了，那时候也没有机器，都是村民用小车推，人工挖，男的女的一起上阵。[②]

现在村里人管刘家湾叫作“北大池”，池里仍有不少水，附近的土地灌溉还在使用里面的水。2012年3月，村里开始对所有种植地进行调方，同时引水入田，灌溉用水也开始有所好转。与此同时，2000年，自来水进入禹王台村，并最终于2003年通到了各家各户。终于，禹王台村人告别了难喝的苦咸水。

① 被访谈人：陈顺堂，男，1946年生，禹王台村原村长；访谈人：吴美云；访谈时间：2012年2月12日；访谈地点：禹王台村陈顺堂家中。

② 被访谈人：陈发源；访谈人：李生柱；访谈时间：2011年5月27日；访谈地点：禹王台村陈发源家。

第二章
禹王台

禹王台是整个禹王台村甚至周边地区最为明显的标志与景观，进入禹王台村，远远望去，首先看到的就是禹王台这一大土台子。除了是标志性景观外，禹王台还是禹王台村及其周边村落的神圣之地。整个台子上庙宇林立，每年都会吸引大量民众前来烧香祭拜，是周边地域最为主要的信仰之地。此外，作为村落的标志性景观，禹王台村民关于村落的诸多记忆，如抗日战争、集体化等，也多围绕其展开。

一、夯筑大土台

禹王台，今位于禹王台村西南角。此台原本位于村落之外，但随着禹王台村人口的增多与村落面积的逐步扩大，如今此台已渐被包入村落之内。1980 年，此台被列为“县级重点文物保护单位”，2009 年又被山东省人民政府命名为“省级重点文物保护单位”，2015 年 6 月又被再次确认。

整座禹王台由土层层夯筑而成，层土层夯的界层现在还清晰可辨。另土层之上夯桩留下的痕迹亦非常明显，形如梅花，当地称之为“梅花夯”。每层夯土有 20 厘米左右。现如今，整个台子由三层组成，从下往上各层面积逐步缩小，各层间有石阶相连。如今的禹王台，总体海拔高度约为 22.47 米，与

禹王台(王加华摄)

周边地面相对高度约15.6米;底径约75米,总面积约5000平方米,而最顶部则已不足1000平方米。[①] 历史上,禹王台的面积要比现在大得多。据立于2005年的禹王台村村碑记载,当时此台的底径约为100米,总面积约为10000平方米。这说明2005年时此台就比现在要大得多,遑论清代以前了。据清代潍县人郭坛《望台考》云:"台西里许有村……村名望台……村与台接,至今易名曰台底。"[②]台底,也即今天高里镇台底村,禹王台即位于此村东北方。名"台底",则说明此村曾距禹王台非常之近,即郭坛所说的"里许"。清代"1里"约相当于现在的576米(以光绪年间度量衡为标准),而现在的台底村距禹王台约有2公里。由此可知,历史上的禹王台应该远比现在大得多。正如有的村民所讲,现在的禹王台还不如原台的1/4大。

禹王台之所以日渐缩小,其中的原因主要有三个:一是改革开放后,随着民众生活水平的提高,村民修房盖屋,于是多有从台子上挖土建房者;二是生产队时期及包产到户后,村镇大搞农田基本建设,将一部分土台子挖掉

① 参见《禹王台村》,潍坊市情网,2009年2月9日,http://www.wfsq.gov.cn/2009/0209/147.html.

② 民国《潍县志稿》卷七《疆域·遗迹》。

改为了农田;三是修筑县乡道路时曾挖土筑路。[①]

据村里老人讲,20世纪40年代时的禹王台整体呈圆锥形,相对地面高度在20米左右,台的底部占地8000～10000平方米,顶部也有5000～6000平方米。而筑台所用的土,据当地民间传说,为临淄土,即从今淄博临淄地区运送而来。据说,筑台之时,人们排着队,一直从禹王台排到了临淄地界,然后大家用布袋装土,你递给我,我递给你,昼夜不停。将土运到筑台工地后,再有负责打夯的进行夯筑。据潍坊市寒亭区政协原文史委主任张宝辉先生估计,按当时禹王台的规模大小计算,有近百万个土方。另外,他认为,筑台所用之土明显不是寒亭当地的土壤形态。寒亭地滨渤海,土壤就如同海滩上的海泥,见水就散开,而筑台所用之土的属性却特别好。如今虽已经历了成百上千年的风雨侵蚀,整个土台却仍然结实而厚重。[②] 禹王台至临淄的直线距离为八九十公里,若土果真是由临淄运送而来,这必将是一个浩大的工程。

不过,对于临淄运土之说,也有禹王台村的老人并不认同。他们认为,几千年前条件那么落后,从那么远的地方运土不现实,可能就是用当地庄前庄后的土建起来的,因为庄前有大湾,庄后也有大湾,并且台前的土发黄,台后的土发黑,也和庄前、庄后的土质相吻合。[③]

禹王台筑于何时?为何要修筑这样一个大土台呢?对此,当地民间流传着多种说法。据2005年潍坊市寒亭区政协文史委所作的调查,说法共有六种之多,即大禹治水筑台说、秦始皇筑台说、古代王侯大墓筑台说、古代军事堠墩筑台说、防止水患筑台说(后又衍生出狐仙神灵筑台说)[④],此外还有古代王侯观台说等。其中流传最广泛的为两种,即大禹治水筑台说与秦始

---

① 参见张宝辉:《狐仙传说的在地化表现——以鲁中寒亭禹王台为个案》,载山东大学文史哲研究院民俗学研究所主办:《百脉泉》(内部刊物)第九辑《潍坊寒亭地区狐仙信仰与传说调查专辑》,2011年7月。

② 参见张宝辉:《狐仙传说的在地化表现——以鲁中寒亭禹王台为个案》,载山东大学文史哲研究院民俗学研究所主办:《百脉泉》(内部刊物)第九辑《潍坊寒亭地区狐仙信仰与传说调查专辑》,2011年7月。

③ 参见刁统菊:《二戈官庄、禹王台村村落概况》,载山东大学文史哲研究院民俗学研究所主办:《百脉泉》(内部刊物)第六辑《潍坊寒亭地区寒浞传说与信仰调查专辑》,2010年8月。

④ 参见潍坊市寒亭区禹王台历史民俗文化研究会编:《风雨沧桑禹王台》(内部刊物),2014年,第1页。

皇筑台说。[1]

第一种说法，大禹筑台说。康熙《潍县志》卷五《古迹》载：“禹王台在望海门北六十里，相传大禹治水时所筑，有禹庙在。”乾隆《潍县志》卷一《古迹》亦云：“禹王台在望海门（即老潍县县城北门——笔者注）北六十里，相传大禹治水时所筑，有禹（王）庙存。”事实上，历史上禹王台所在之地，也确实是一个水灾频发的地区，曾有尧、丹、弥、桂、大小于河、白浪七河于此交汇入海，十年九涝，水患严重。明清时期，禹王台的东面还有湖名“别画”者存在，是一片水草丰美的沼泽地，现如今已被建成为一个约6平方公里的禹王湿地，并成为寒亭区政府的一个重点开发项目。

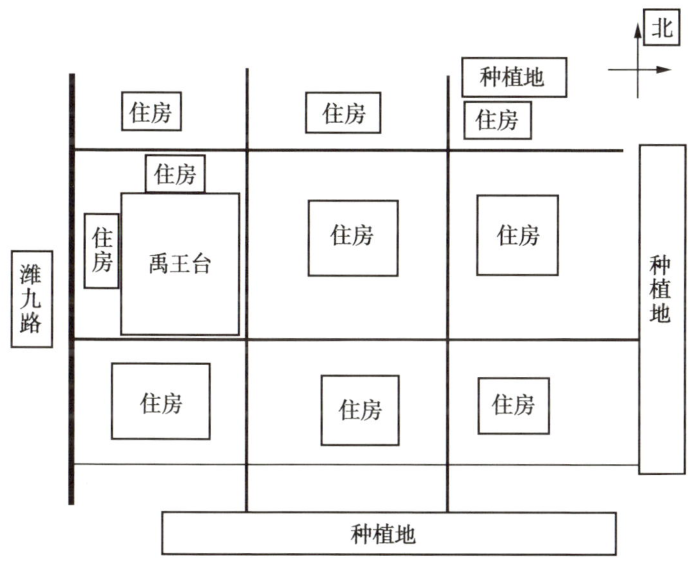

禹王台村内位置图（制图人：吴美云；制图时间：2013年4月3日）

据村民间流传的传说，大禹之所以要修建禹王台，主要是为了观察水情，以便进行疏导治理。因此，禹王台最初只是一个瞭望台，本来应该叫“禹望台”，但后来大禹当了王，所以就叫“禹王台”了。而且还传说，当时禹王选址修建土台子时，选了很多地方，都是“白天修三尺，晚上就倒三尺”。而选定该村后，“老三哥（即狐仙）显世了，托梦给修土台的工人：‘你别在那里修

① 参见张宝辉：《狐仙传说的在地化表现——以鲁中寒亭禹王台为个案》，载山东大学文史哲研究院民俗学研究所主办：《百脉泉》（内部刊物）第九辑《潍坊寒亭地区狐仙信仰与传说调查专辑》，2011年7月。

啊，不如再向南挪挪啊。’工人们就聚一块儿谈论起来，结果每个人都做了同样的梦，就小心翼翼地和禹王说了，最终就按老三哥的指示挪到了现在的地方。结果，白天禹王带领人修三尺，晚上老三哥就给涨三尺。之前在其他的地方修时，是白天禹王修三尺，老三哥在晚上给扒掉三尺”[①]。

不过，对大禹筑台之说，有些老人并不认同。他们认为，禹王治水时不可能修筑这个台子，这个台子规模这么大，至少得几年时间才能修好，当时忙着治水，哪里有时间修这个台子。可能是夏禹以后，为了纪念大禹而修的。[②] 另，潍坊当地一位名为“潍水左岸”的博主亦对“大禹筑台”之说深表怀疑。他认为：禹王台虽则以大禹之名称之，但“大禹治水时所筑”的说法却并不可信。且不说该台是因为台上建有禹王庙才被称为“禹王台”的，就算真的是“大禹治水时所筑”，恐怕时至今日也已经模糊难辨，甚而踪迹全无了。比较合理的解释是：该土台建于禹后某个朝代，因土台北临渤海，世人面对汪洋大海时，每每感念大禹治水有功，乃于台上建起一座禹王庙，久之，土台的旧称逐渐为大禹之名所代替，即被百姓呼作“禹王台”了。[③]

夯土层（王加华摄）

① 被访谈人：陈福来，男，1922生，禹王台村村民，1955～1988年任禹王台村会计；访谈人：吴美云；访谈时间：2011年5月27日；访谈地点：禹王台村陈福来家。

② 参见刁统菊：《二戈官庄、禹王台村村落概况》，载山东大学文史哲研究院民俗学研究所主办：《百脉泉》（内部刊物）第六辑《潍坊寒亭地区寒浞传说与信仰调查专辑》，2010年8月。

③ 参见《潍北胜迹禹王台》，“潍水左岸”的博客，2012年2月5日，http://blog.sina.com.cn/s/blog_3e2cf5040102eag2.html.

第二种说法，秦始皇筑台说。1941年所修的《潍县志稿》卷七《疆域·遗迹》载：“禹王台在第四区禹王台庄西，郭麐云‘望海台’，见《魏书·地形志》。刘宋侨置之南皮县下，即今台。俗因上有禹庙，呼为‘禹王台’。郭坛则以为‘望台’，其说在郭麐前，盖即《水经注》所称秦始皇所筑之台也。”查《水经注》卷二十六“巨洋水”条曰：“丹水又东北经望海台东，东北注海。”《魏书·地形志》载：“南皮，刘骏置，魏因之。有望海台。”对此说法，村民中亦有相关传说流传。“秦始皇当上皇帝后想长生不老，叫徐福去寻找灵芝草，徐福带着500童男、500童女从长安城出发，去了日本，一直也没有回来。秦始皇就在这个地方修了一个望海台，看看徐福回来了没有。这里原来可能是一片汪洋呀，因为土层里经常会发现海蛤皮之类的东西。”[①]另，立于光绪十二年(1886年)的“永垂不朽”石碑，上面亦有秦始皇筑台之说：“盖闻□□□所筑，以望徐芾航海而来。后世之人建禹王庙于其上。”[②]其中的三个字虽被人为凿了去，但从“以望徐芾航海而来”可知，其明显指的是秦始皇。

“永垂不朽”碑(王加华摄)

对以上两则起源说法，不论从地方文献还是村民传说来看，明显更认同的是前者，即禹王筑台说。不过，也有人综合了这两种说法，认为最初是秦始皇筑台以望海，后人感念大禹之恩德而改“望台”为“禹台”。清光绪年间张府之《禹台论》即持此说，他认为：此台始名“望台”，后称“禹台”。初为望海

① 参见刁统菊：《二戈官庄、禹王台村村落概况》，载山东大学文史哲研究院民俗学研究所主办：《百脉泉》(内部刊物)第六辑《潍坊寒亭地区寒浞传说与信仰调查专辑》，2010年8月。

② 参见潍坊市寒亭区禹王台历史民俗文化研究会编：《风雨沧桑禹王台》(内部刊物)，2014年，第55页。

而设，邻海南岸，度地而筑。后沧海桑田，海水后退数十里，村庄渐多，望海水而不得。遂感念上古大禹治水的恩德，借“望台”而名为“禹台”。[①]

第三种说法，即禹王台本为古代斟灌国王侯所筑之观台，意在“观云物，志灾祥”。清代潍县人郭坛作《望台考》一文，专对此问题加以分析，其文如下：

> 潍县治之西北六十里，有禹王台，高数丈余，南北长如之，东西得十之九。其上有禹王庙。志乘云：世传禹时治水筑。愚以台在海滨，岿然独立，必非近今之所能为，而志乘传说显无据……按：台西六七里，即古斟灌国故城，犹存。明季，丹水从城中北流入海，今百七十余年，又西去十余里。《水经注》以为经望台东，水道迁徙，魏时当如是也。古者诸侯各有观台，以观云物，志灾祥。斟灌、斟寻皆夏同姓国，台之立，必在其时，望台即观台也。《五经异义》云：“《公羊》□天子有三台，诸侯二，皆在国之东南二十五里。东南，少阳用事，万物著见。用二十五里，吉行五十里，朝行暮反也。”按此方面里数，亦略与望台合。世传以禹治水筑，盖因上有禹王庙，误之。嘉庆戊午县令庄明府捐俸修葺，庙宇焕然，为海滨胜迹。[②]

据此记载，于家干认为，禹王台的土质结构与禹王台以西的东斟灌、西斟灌等村落残留的部分古垣土质完全一致，证明两者是同一时代的产物。“最朴素的推测，或观察之用，或祭台之为，或两用兼容。”而禹王台位于斟灌古城之郊，正符合我国传统郊社制度中的祭台位置。[③]

还有一种观点认为，禹王台可能是个坟墓。据说，1964 年的时候，潍县的一个工作队来到禹王台村。工作队中有一名姓秦的工作人员，毕业于北京地质大学。他每天早晨都到台洞去，跺脚，听声音，说这个台子不是一堆实土，里面是空的，可能是个坟墓。1972 年，在台南挖土垫学校，曾挖出一些骨头，还有两块青砖，写有“河南王小滑夫”的字样。[④] 写有“河南王小滑夫”

---

① 转引自《大禹治水纪念地——禹王台》，“当代美术家网”的博客，2013 年 10 月 8 日，http://blog.sina.com.cn/s/blog_a71718750101bw1a.html.

② 民国《潍县志稿》卷七《疆域·名胜》。

③ 参见于家干：《潍北最古老最厚重的人文遗产——夏禹王台》，载 2014 年 11 月 4 日《潍坊学院报》。

④ 参见刁统菊：《二戈官庄、禹王台村村落概况》，载山东大学文史哲研究院民俗学研究所主办：《百脉泉》(内部刊物)第六辑《潍坊寒亭地区寒浞传说与信仰调查专辑》，2010 年 8 月。

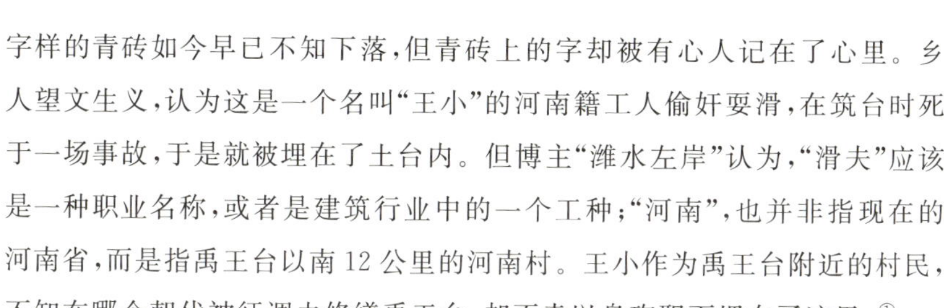

字样的青砖如今早已不知下落，但青砖上的字却被有心人记在了心里。乡人望文生义，认为这是一个名叫“王小”的河南籍工人偷奸耍滑，在筑台时死于一场事故，于是就被埋在了土台内。但博主“潍水左岸”认为，“滑夫”应该是一种职业名称，或者是建筑行业中的一个工种；“河南”，也并非指现在的河南省，而是指禹王台以南 12 公里的河南村。王小作为禹王台附近的村民，不知在哪个朝代被征调去修缮禹王台，却不幸以身殉职而埋在了这里。[①]

国家测量标志（王加华摄）

禹王台的海拔只有几十米，相对地面高度最高也只有 20 多米，对一个见惯了山的人来说，自然不算什么，但考虑到其所在地为一马平川的潍北大平原，与周边地理景观相对比，几十米高的禹王台自然也就显得突兀高耸了。因此，作为周边地域范围内的制高点，禹王台成为国家地理测量的高程控制点，上有国家测量标志。登临其上，北望大海，周边则是平整的农田，自然会让人产生一种目极千里、心旷神怡之感。加之禹王台所附着的大禹、秦始皇等“故事”“传说”及其上古老的禹王庙等庙宇，使禹王台成为当地一处名副其实的历史古迹。因此，不论康熙、乾隆《潍县志》，还是光绪《潍县乡土志》、民国《潍县志稿》，在介绍当地古迹之时，都将禹王台列为第一条。而且，

① 参见《潍北胜迹禹王台》，“潍水左岸”的博客，2012 年 2 月 5 日，http://blog.sina.com.cn/s/blog_3e2cf5040102eag2.html.

自古至今,很多文人学士来到禹王台,并写下了诸多咏叹禹王台的诗词歌赋。

杨青藜,字禄客,号石民,明末潍县人,是一位著名的地方诗人,著有《石民诗稿》。其赴沧州任知州时,途经此,曾游览禹王台,并作《九日登禹王台》七律诗,诗文如下:

我生后禹四千岁,胜迹同人九日游。
碣柱何年沉瀚海,螭宫依旧镇沙头。
氤氲故岛鱼龙气,寂寞荒城草木秋。
决注欲观明德远,朝宗万辰抵沧州。

郭麐(1823～1893年),字子嘉,号望三,自号望三散人、抱瓠老人,清道光年间潍县城里人,曾作有《潍县竹枝词》108首,广泛涉及乡邦掌故、风俗民情、名人轶事、山川庙宇等内容。[①] 其中一首即论及禹王台:

潍水下流鱼合口,凭高四顾势悠哉。
谁知今日禹王庙,即是当年望海台。[②]

傅廷兰,清嘉庆年间进士,今寒亭区高里镇傅王庄人,曾作《民台十景诗》,对禹王台及周边景观作了细致描述:

吾潍地平衍,而少崇山。北海之滨,百余里无丘阜。而禹台卓立其间,高数十仞,围可十亩许。遥望之如海岛,然上面大禹庙二垣之西,为道人种棉花艺谷处,又有古柏古槐,皆数千年间物。每当其上,对南山而临北海,俯仰阡陌村落,令人思疏瀹抛决之功焉。至于四时景物,春则麦浪千顷,夏则黄云十里,秋来秫熟,红玉覆地,十月芦开,雪花希天;或当水潦盛长,汇为泽国,则烟波浩森,茫无津涯,有太湖洞庭之观。至若皓月当空,寒潭结冰,则光明耀人朗朗,如在镜中,言此之吾潍一胜区也。

渤海蜃楼

渤澥风高海气空,空中色相豁双瞳。蜃楼幻境即仙境,变观无端认化工。

① 参见孙建松:《竹枝词里看古风:清乾隆潍县竹枝词与地方文化》,载《中国地方志》2014年第9期。

② 参见孙建松:《潍县竹枝词撷英》,中国戏剧出版社2012年版,第58页。

西岩神枣

何年神种降仙家，累累丛棘缀紫葩。圆疑金丹甘似蜜，安期浪说巨如瓜。

麦畦翻浪

千顷麦苗万顷波，麦畦浑似菜畦多。翻风浴日常摇荡，鸥鹭飞来误下落。

孤山云阁

重重阿阁跨南山，云雾空濛指顾间。北海清风吹不断，采薇人去耸何年。

古槐鸣钟

槐老挂钟不记年，空中荡远应宫悬。而今移置层楼内，鲸吼仍从树根传。

古槐栖鹤

凌霜傲雪几春秋，偃盖层台最上头。应仙禽从天外至，化为道士乐余游。

东廊仙窟

闻说妖狐夜放光，今探仙窟入东廊。洞深穴邃不闻语，仙也狐也何处藏。

芦花飞雪

清霜十月被蒹葭，雪舞回风满水涯。应是江南谢家女，不吟柳絮咏芦花。

稻园澄波

秧马骑来罢火耕，水田是处足香粳。秋成刈尽波千顷，月映空潭一片明。

柳湾印月

台高望月倍婵娟，印尽万川归柳湾。试向柳荫波底看，惊心合浦夜珠还。[①]

二、台庙布局

禹王台现在是一个封闭独立的大院落，四面均有围墙，南北长约 200 米，东西长约 150 米，周围则被民居环绕。台的西南角有进入院落的大门三间，门匾上书“禹王庙”三个大字，另在大门右侧挂有“山东大学民俗学社会实践基地”匾牌。门前有一块“省级重点文物保护单位”的石碑，上书“禹王台遗址”字样。历史上，禹王台之所以深受地方文人及周边民众的重视与崇敬，除“高耸”的景观、与大禹或秦始皇的关联外，再就是其上的众多庙宇。

禹王台大门（王加华摄）

如今的禹王台，在台上及台周边共有 12 座庙宇，分别是禹王庙、老三哥庙、仙姑庙、五路财神庙、城隍庙、九天玄女庙、北斗庙、长寿宫、胡三太爷庙、

① 转引自潍坊市寒亭区禹王台历史民俗文化研究会编：《风雨沧桑禹王台》（内部刊物），2014 年，第21～24 页。

土地庙、山神庙、女娲娘娘庙，此外还有狐仙冢、狐仙洞等“神圣”之地。其中，位于台顶的为禹王庙，向下一些距离的为老三哥庙、九天玄女庙、山神庙、仙姑庙、北斗庙。在老三哥庙前东侧，则是8座狐仙冢。台底周边，自北向南再向东，依次为城隍庙、五路财神庙、土地庙、长寿宫、胡三太爷庙、狐仙洞。在台的西南角，有一长长的、迂回曲折的石阶，为登台之处。台阶东侧为一石碑，正面刻有“皇清敕封护国神医胡三太爷之座碑”，碑阴刻有“重修禹王台碑记”。

皇清敕封护国神医胡三太爷之座碑(王加华摄)

不过，历史上的禹王台并非就是今天这个样子，这些庙宇也并非一直存在。事实上，以前禹王台的庙宇远没有这么多，主要是禹王殿、老三哥庙(居于台之最高层)及仙姑庙与钟鼓楼(位于台之第二层)，清乾隆年间又在禹王庙旁建了土地庙。[①] 关于早些年禹王台的景象，1941年所修撰的《潍县志稿》里存有一幅禹王台的老照片。据这张照片可以看出，台上的禹王庙自成院落，台前有古树四株，即傅廷兰《民台十景诗》中《古槐栖鹤》《古槐鸣钟》所提到的古槐，而古槐上硕大的吊钟亦清晰可见。旧时禹王台分两层，二层上曾经有道观三楹，旁边有古松三棵。台下禹王台周边有石砌的围墙，围墙进门处攀登禹王台的

① 参见《禹王台》，载潍坊市人大教科文卫工作委员会、潍坊市文化局编：《潍坊市人文与自然景观》，齐鲁书社1996年版，第96页。

青石台阶历历在目。[①] 另外，正如傅廷兰在《民台十景诗》序中所说的那样，“大禹庙二垣之西，为道人种棉花艺谷处”，即台顶还种植有庄稼。

禹王庙(王加华摄)

历史上，禹王台上诸庙宇阅尽沧桑。20世纪20年代末，先是老三哥庙因火而毁。1938年，为了防止日军占据禹王台，国民党部队在张景月[②]的带领下把禹王台上的庙(禹王庙、仙姑庙、土地庙)都烧了，只是这仍旧没能阻止日军的占领。日本人在现在禹王殿的地方修建了炮楼，作为控制周边地区的制高点。不过占领禹王台几个月后，日本人就撤离了，之后炮楼被拆除。此后，钟楼、鼓楼亦相继被破坏殆尽。当时，禹王台还专门有一个负责看台的人，外号叫“陈大天”。“他看着那个台子，到过年过节的时候，我们会凑点饺子、馒头、糕给他送去。在他之前，是个道士还是和尚在看台子。”[③]

关于20世纪40年代禹王台的情形，出生于1929年的陈发源老人回忆说(边画图边讲)：

---

① 参见潍坊市寒亭区禹王台历史民俗文化研究会编:《风雨沧桑禹王台》(内部刊物)，2014年，第1页。

② 张景月(1904～1978年)，国民党陆军少将，原名张怀峰，字景滁，今寿光市留吕镇张家庄人，曾任山东保安第十五旅旅长、国民党山东省政府鲁北行署副主任、山东省政府委员兼保安司令部副司令、济南城防司令等职，1949年后退居台湾。

③ 被访谈人:陈发源;访谈人:张宇、王加华;访谈时间:2010年6月17日;访谈地点:禹王台村陈发源家。

我给你画画禹王台之前的样子。早的(时候)那个台顶子就比现在这个台子大,去了好几十米了。以前那个台,下面的梯子是沙石的,上面是青石的台阶。上来以后有个门,往里路旁都是树,树很粗,我小时候都搂不过来。再往里有个二门,前面是个影壁。门里的路都是方砖铺的。里面是大禹殿,村里人叫它"禹王宫"或者"禹王殿"……钟楼在这里,现在连钟楼那块地方都没了。这里最早也有一个台阶,在钟楼一边,但我记事起就没大有了。老三哥庙在大殿前,仙姑庙在这个地方,两个庙都很小,都是一间。台下有三间屋子,是看台子的人住的,这个地方一直到解放时都还有人在住,是俺村一个姓陈的,外号"陈大天",他有个瞎老婆,叫什么名字记不大住了……以前坡上都是枣树,沙石以北这里,都是荆条。我记事的时候吧,台上有一个钟,1000多斤,四个柱子撑着、架着,原来这个钟在老槐树上挂着,清末的时候从老槐树上挪到了钟楼上。原来老三哥庙和禹王台在一个平台上,现在台顶小了,就挖了个二台,盖了三间庙。以前不重视保护,村民时不时去台子上挖点淤土什么的。"文化大革命"时期,大车工队都来挖,一天挖走很多土。

(台上的钟)进了腊月就开始敲,一直敲到过年,每天晚上吃过晚饭敲。冬天时,咱庄稼人吃饭吃得晚,钟就敲得晚,一般在六七点钟敲……钟响得特别远,出去一二十里路都能听到。至于为啥敲钟,也没什么讲究吧,可能是表示平安,反正以前的时候年年敲。①

原来这个台修得好,有围墙,有大门,一进大门就看到很多松树,松树两边有槐树和杏树。台子上有个甬路,甬路都是用大青砖铺的。从台正面朝东一拐,再朝北,又有一个大门,大门上面有石崮子,进了这个二门以后,就到了大殿门口。②

抗日战争时期,禹王台庙宇被破坏,虽然围绕庙宇的信仰活动未曾中断,但此后一直到20世纪90年代初,相关庙宇再未重建。1980年,禹王台被列为"县级重点文物保护古迹"。1991年,为响应与配合山东省旅游局所

① 被访谈人:陈发源;访谈人:张宇、王加华;访谈时间:2010年6月17日;访谈地点:禹王台村陈发源家。

② 被访谈人:陈发源;访谈人:李生柱;访谈时间:2011年5月27日;访谈地点:禹王台村陈发源家。

提出的“千里民俗旅游线”建设，在时任寒亭区区委书记王光明的倡议下，寒亭区亦提出了“寒亭区千里民俗旅游一日游”规划。作为历史上的一大胜景，禹王台亦被列入这一规划之中。同年，在肖家营乡（时禹王台村隶属此乡）乡政府主持下成立了禹王台庙筹建委员会，1992 年建成大禹殿，又由周边民众自发捐款建起了老三哥庙。不过由于顶层台面缩小，老三哥庙被移建到第二层。1995 年，禹王台被禹王台村村民陈汉阳、陈少先、陈邦友三人承包。承包期间，他们新建了台周边围墙，并用花砖铺设了庙门前路面，也曾试图多搞点建设（指建庙），但区政府不允许，致使有座庙建到一半又被迫停工并拆除。1997 年 3 月，寒亭区泊子乡蔡家栏子村邵元珠为完成父母遗愿，捐资 5 万重修仙姑庙。同年，祖籍昌邑、后迁居台湾的王兰桂，又出资对禹王台道路与狐仙洞做了维修，砌起拱门，并在今禹王台第一层台阶右侧立石碑一块，以感念狐仙之恩德（碑文可见本书附录四）。不过，总体而言，在 2009 年之前，虽经历了一系列建设，但禹王台布局并未发生大的变化。

2009 年 11 月，禹王台被来自东北的道士冯弘耀承包。获得承包权后，弘耀道长在禹王台进行了一系列庙宇建设，从而使禹王台的具体格局发生了很大变化。前已述及，禹王台的传统庙宇主要有三座，即禹王庙、老三哥庙与仙姑庙，虽多有兴废，但以三庙为主的格局却并未发生根本改变。但 2010 年之后，在弘耀道长的主持下，禹王台又先后修建了土地庙和神医胡三太爷庙（2010 年上半年）、北斗庙（2010 年下半年）、山神庙（2010 年下半年）、女娲庙（九天玄女庙，2011 年）、城隍庙（2011 年下半年）、五路财神庙（2012 年下半年）、长寿宫（2014 年 9 月）等 8 座庙宇。除此之外，弘耀道长还在禹王台西南侧建了自己的居所（2010 年），并在大门东侧建立了禹王台博物馆（2014 年）。另外，按照他的规划，还要在台上陆续兴建天龙殿、车神庙、路神庙、玉皇殿、钟楼、鼓楼等庙宇，并将庙门由现在的南边改到西边，进一步扩建成一个长 60 米的大门。而之所以要兴建这些庙宇，按弘耀道长的话说，“就是想形成个规模，就像医院一样，有外科、内科、妇科、儿科，一个神仙不能什么都管”，“咱科目全了，到我这里来全都办了，不用去其他地方了”。[①]而他的最大梦想，就是将台上的所有庙宇全部拆掉重建，因为它们的防震级

① 被访谈人：弘耀道长，男，1958 年生，禹王台庙承包人；访谈人：王加华；访谈时间：2012 年 12 月 1 日；访谈地点：禹王台弘耀住处。

别不够。此外，就是将整个台重新规划，像五台山一样，全部修上台阶，一级一级往上，上到哪儿都有庙。不过，2016年春，因种种原因，弘耀道长被迫离开了禹王台与禹王台村，也就使得他的许多后续规划未能实现。

伴随着诸多庙宇的兴建，禹王台神灵数量大大增加，神灵之功能也大大扩展，但这一点却并未得到周边民众尤其是禹王台村村民的认同，反而招致了诸多不满。如村民讲：

> 他弄得这些风俗习惯和周围老百姓不一样。俺这个台主要是信神啊，他来了之后乱七八糟建起这些来，村里人就不大认同……神是神，道是道，不是一回事。
>
> 他那个布局不对付，很多人上村委里来反映。刚盖的那个女娲庙，老人们说，把禹王台大殿给挡住了。实际上你建什么庙，应该有图纸，规划好，你这样乱建，把大殿堵起来了。①

总之，禹王台被弘耀道长承包之后，对禹王台的整个环境进行了大整改，修路、建庙、建台阶等等，使得禹王台体积大为缩小。按村民的话来说就是："把台子整得不像个样儿了，根本不是原先的模样了。"尤其是村里的老者、有文化的人，更是对禹王台的破坏感到惋惜：

> 我记得以前台上有钟楼，台很大，坡上有田地，还能上去放驴。后来都被破坏了，家家户户都从台子上拉土垫墙、垫沟，把台上的石头、碑都给扒了，搭了桥，铺了路，破坏得厉害。九几年时，台子重修过一次。我看这几年让这个包台的人糟蹋得也不轻，别看他建了些庙，把台挖得像个啥了！以前建这个台多不容易啊，没有车，都是人工搭的，搭得那么结实，带多少劲啊！要么说有些群众愚昧、无知，拆这些建筑，这都是古代劳动人民的血汗……我寻思着咱这个台可能是秦始皇修长城的时候修的。还有个传说，说寒亭这个地方以前有寒国这么个国家，寒国的孩子们当了官以后，就会建几个建筑物，咱们这有个禹王台，在西南方向，隔着有十来里路，还有个登基台。②

---

① 被访谈人：陈爱堂；访谈人：王加华；访谈时间：2011年5月28日；访谈地点：禹王台村村委会。

② 被访谈人：陈发源；访谈人：李生柱；访谈时间：2011年5月27日；访谈地点：禹王台村陈发源家。

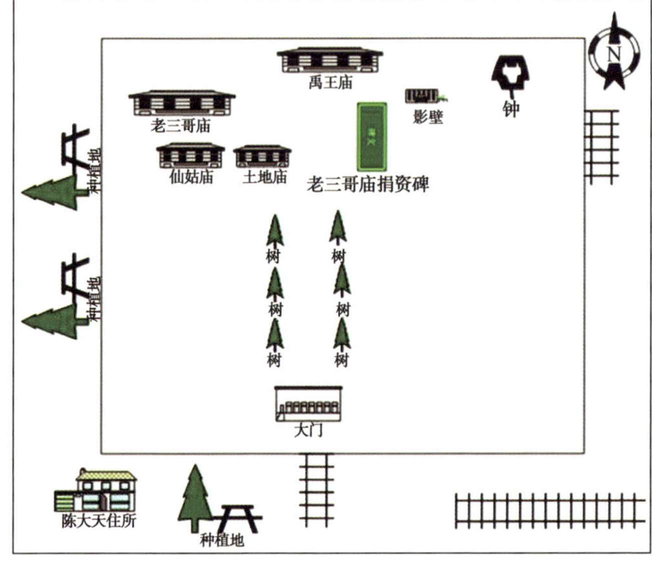

1938 年禹王台殿宇分布图①(制图时间:2013 年 4 月 8 日;制图人:张兴宇②)

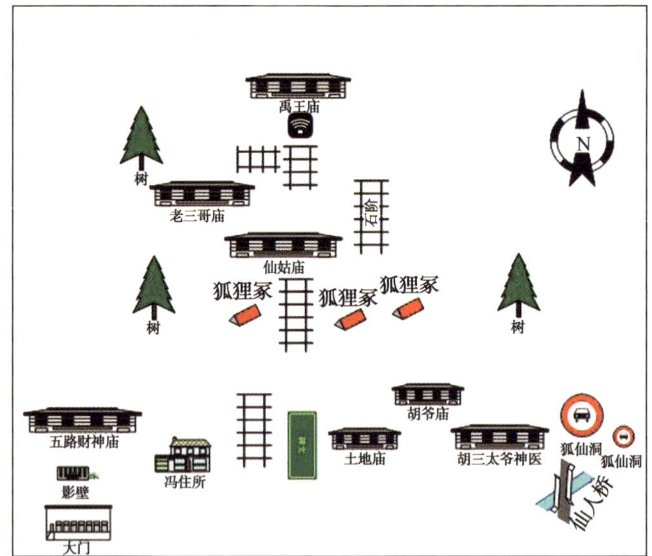

2010 年 8 月禹王台殿宇分布图③(制图时间:2013 年 4 月 8 日;制图人:张兴宇)

---

① 据陈发源老人关于庙台布局的讲述绘制而成。

② 张兴宇,男,山东大学儒学高等研究院民间文学专业博士研究生。

③ 据 2010 年实地调查绘制而成。

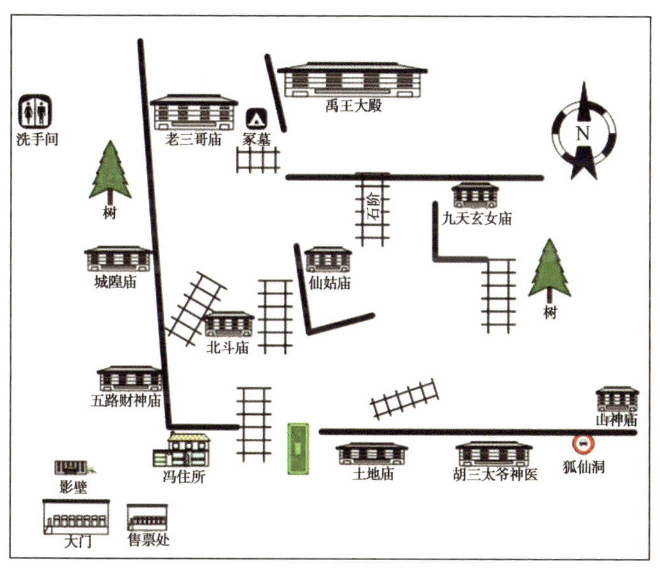

2012 年 2 月禹王台殿宇布局图①(制图时间:2013 年 4 月 8 日;制图人:张兴宇)

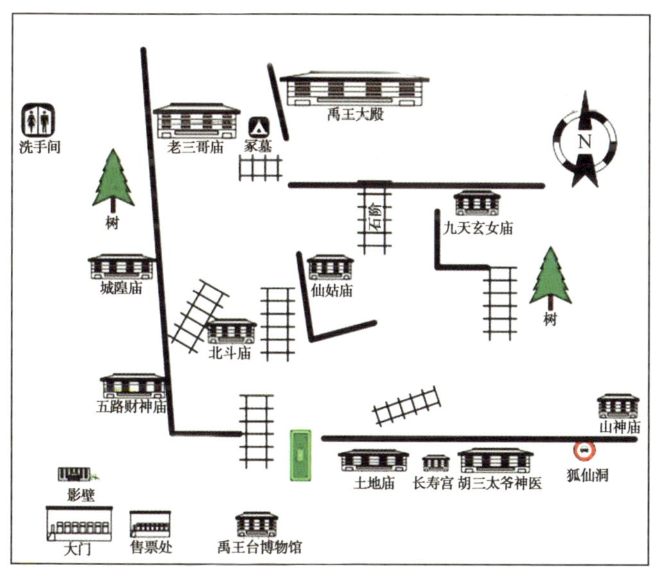

2017 年 10 月禹王台殿宇布局图②(制图时间:2017 年 10 月 25 日;制图人:张兴宇)

① 据 2012 年实地调查绘制而成。
② 据 2017 年实地调查绘制而成。

三、台与村落记忆

正如“禹王台”三字既是台名又是村名所昭示的那样，禹王台村的历史与禹王台紧密相连。用村民的一句话概括，就是“先有台，后有庙，再有村”。因此，禹王台村民关于村落与地方的集体记忆，很多都是围绕着禹王台展开的。其中，最突出的记忆时段有两个：一个是太平天国起义时期，捻军攻打禹王台；另一个是抗日战争时期，日军侵占禹王台。

禹王台村（王加华摄）

关于捻军攻打禹王台一事，前述之“永垂不朽”碑曾有细致的记载——实际上这块碑就是为了纪念此事而立的。碑铭曰：

国朝咸丰十一年二月二十一日，粤匪破潼关，来至远里庄一带，台底就近庄民及城乡练勇者，难以抵御，公同商议修台以为保障，闻者无不愿为，遂至不日而成。至八月十一日间，贼至柳疃，各庄人均扶老携幼，接踵上台，其车辆牲口尽放于台下。自十二日，贼竟自东而西，来到台前。至三十日，贼又由西而东，人马纷纷，纵横数十里，尘飞蔽日，声气连天，遂将此台围困，焚烧台下车辆，掠去牲口。当是时也，台上数万人，不但绝粮，而且断水，均不知其死生。至九月初五清晨，贼兵退至北里，人心稍安，下台取粮固多，取水者亦不少。至是日晚，贼又复来，连围九天，未曾进攻，在台围者，并未伤亡一丁。噫嘻！人力不至如此矣，非一神功，何如？至今就近村庄男女老幼均念念不忘。故作文刊石，以为避难之一法焉。[①]

对此事件与石碑之记载，至今禹王台村仍有相关传说流传：

> 传说洪秀全起义的时候，太平军来到这个庄，当时的群众就到台子上避难。那时候台子有围墙。村民不仅准备了干粮，也准备了武器，主要是石头、砖头之类的。太平军来后，包围了台子好几天，一直没敢上台，后来就往东撤了。当时太平军可能使了一计。台子上的老百姓一看太平军撤了，就都下来了，可没想到第二天太平军又回来了。这回他们围的时间长，有六七天，但是也没敢上去。所以说这个台子保护了老百姓，一人也没牺牲，一人也没受损，就光村里的房子烧了，牲口被牵走了，于是就立个碑做个纪念。[②]

因时间相距较近，村里人，尤其是上了年纪的老人，对抗日战争时期的禹王台有着更为深刻的记忆，只是这些记忆多是惨痛的。1938 年，清逸雅致、远近闻名的禹王台遭受了灭顶之灾，被国民党张景月带领的部队焚毁。焚烧禹王台庙宇主要是为了不让日本人占领，但是禹王台千百年来的积淀也付之一炬，着实可惜。但是，这未能阻挡日本人对此台的占领。1939 年夏初，日本人占领了被焚烧过的禹王台，并在现在禹王殿的地方修筑了炮楼，作为日军控制周边地方的制高点。到了秋末离去，前后有半年时间。对此，陈发源老人还留存着诸多记忆：

> 抗日战争的时候，日本鬼子在大殿那里弄了炮楼，住了半年多，打豆子的时候走的。当时台上也就两三个鬼子吧，不多。下面有一口庙，有厢房，住着汉奸呢。当时有一些好吃懒做的人去当汉奸，给日本鬼子站岗放哨。要是鬼子去扫荡，就拉着这些汉奸去。
>
> 有时候日本鬼子看到有小孩，就把花生仁、糖啊什么的撒在地上，让小孩去抢，我没大去抢。鬼子在上面笑得“哈哈”的。有时抢着抢着，

① 参见潍坊市寒亭区禹王台历史民俗文化研究会编：《风雨沧桑禹王台》（内部刊物），2014 年，第 55～57 页。

② 被访谈人：陈发源；访谈人：李生柱；访谈时间：2011 年 5 月 27 日；访谈地点：禹王台村陈发源家。

上面"砰"地扔下个砖头来。就是这样，这些鬼子看着小孩抢糖，就扔砖头。

有个班长，都叫他五班长，他的枪走火打死了个孩子，就是张才他孙子，叫小顿（音），和我同岁。当时是一天晚上，鬼子为了联系群众，就弄了个留声机，群众见到那个怪惊奇，就抢着听戏。五班长有把枪，很多小孩就围着他，闹腾他。我当时站在西面，张顿站在东面。后来鬼子的匣子枪走火了，张顿就站在他身后，正好打在脑袋上，死了。那年张顿也就十一二岁。当时五班长就解释说不是故意的，是枪走了火。[①]

另外，村里老人还清楚地记得关于日本兵的一些事情，多是对日本人的戏弄与嘲讽，也有关于日本人残忍行径的记忆。其中许多故事是和老三哥联系在一起的，比如关于日本兵撤离的原因，当地人就认为是老三哥显灵了：

有个传说，说后来日本鬼子为什么走了，当地人认为是神（狐仙）把他们撵走的。当时有个人在台子上站岗，结果枪走了火，打死了一个鬼子。你说枪为什么走了火？人们说那鬼子其实是老三哥打死的。[②]

老三哥（王加华摄）

---

① 被访谈人：陈发源；访谈人：李生柱；访谈时间：2011 年 5 月 27 日；访谈地点：禹王台村陈发源家。

② 被访谈人：陈发源；访谈人：李生柱；访谈时间：2011 年 5 月 27 日；访谈地点：禹王台村陈发源家。

当时国民党听说日本鬼子要在上面盖炮楼，就把禹王大殿、老三哥庙都烧了。可到了第二年春天，日本鬼子还是来了，他们建了个庙台子，做了个炮楼子，春天来的，住了半年多，到了秋天9月份才走。为什么待不住了？有人说是被神仙搞癫了。台上有个站岗的，枪走火把自己给打死了。一个人站岗，怎么能把自己打死呢？老百姓都说是老三哥瘆(吓)着他了。还有人说，当时鬼子做饭吃，结果饭菜变成了驴屎，油成了水和尿。①

很明显，这两个时段中提到的神仙都是指狐仙，是狐仙帮村民击退了捻军和日本鬼子，从而护佑了村子的平安。而通过这两个时段的痛苦记忆，可以了解到狐仙在那些动乱年代里对村民精神上的帮助与慰藉是多么重大。因此，虽然此后一直到20世纪90年代初，台上的相关庙宇再未重建，但禹王台自始至终香火旺盛，甚至在“文化大革命”时期也未曾间断。

四、入选“非遗”名录

2003年10月17日，联合国教科文组织第32届大会通过了《保护非物质文化遗产公约》。2004年8月28日，中国第十届全国人大常委会第十一次会议表决通过了中国加入联合国教科文组织《保护非物质文化遗产公约》的批准决定。从此我国非物质文化遗产的抢救与保护工作掀起了一个新高潮。② 积极申遗并力争使地方“传统”列入各级非遗名录，成为各级地方政府机构及众多有识之士的重要工作。寒亭为老潍县之地，具有丰厚的传统文化资源，如潍县萝卜③、杨家埠年画和风筝等均享誉在外。现辖境虽只有300多平方公里，却有三个国家级非遗项目，即杨家埠年画、风筝与柳毅传书。在寒亭当地，“非遗”保护深入人心，对“非遗”名录于地方文化资源知名度与品牌价值提升的作用亦有深切体会。受此大环境影响，寻求被列入“非遗”名录也成为禹王台庙宇承包人弘耀道长的

① 被访谈人：陈邦杰，男，1936年生，禹王台村人；访谈人：赵容；访谈时间：2011年5月27日；访谈地点：禹王台村村委会。

② 参见王文章：《非物质文化遗产概论》，文化艺术出版社2006年版，第210页。

③ 素有“烟台苹果莱阳梨，不如潍县萝卜皮”之说。

目标与愿望之一。“我肯定有这个想法，申请非物质文化遗产以后，全国人民就都知道这儿的文化传统了。”在他看来，只有“几百年”历史的柳毅山都能成为国家级非遗项目，历史更为悠久、文化更为深厚的禹王台自然更有资格进入。“它年头在那里，将近5000年了。你像柳毅山，才200多年还是300多年，人家都申请了。”①

禹王台虽自古为当地一大胜迹，并作为狐仙信仰之中心地而为周边广大村落民众所了解与熟知，但真正被外界了解却是近两年的事。2010年6月，受寒亭区政协委托，山东大学民俗学研究所师生对寒亭区古寒国民间传说及相关民俗文化做了为期4天的田野调查，其中禹王台村即为此次调查的村落之一，并就狐仙传说与信仰等问题做了初步了解。2011年5月，在寒亭区政协组织下，山东大学民俗学研究所又对以禹王台为中心的狐仙信仰文化做了专门调查，并在禹王台庙门前悬挂了“山东大学民俗学社会实践基地”的牌子。此后又先后有山东大学民俗学专业硕士研究生及留德博士等多次前往调研。与此同时，寒亭区旅游局亦逐步意识到禹王台作为旅游文化资源的价值所在，在禹王台庙门前及台上多处贴上了“好客山东”与“休闲汇”的宣传页，亦曾有多家旅游公司组织游客前来参观游玩。虽然1991年禹王庙重建就是为了配合寒亭区民俗旅游产业开发，但实际上当时真正前来旅游参观的外地人寥寥无几，禹王台仍主要是作为当地人心目中的一个信仰圣地而存在。

前两次调查均由寒亭区政协具体组织，后几次调查也均由高校师生实施，这使弘耀道长充分认识到自己这块宝地的重要性：既然地方政府与高校科研机构都如此重视，充分说明禹王台是有巨大文化价值的。另外，他也充分认识到紧靠政府机构的必要性。“走旅游文化这条路，对咱们宣传有力度。这地方香火越旺，老百姓收益就越多。”②为此，2012年春，弘耀道长专门对标注禹王台历史文化价值的相关标识做了整修与装饰。首先，把山东省人民政府2009年12月立的“山东省重点文物保护单位夏禹王台”碑底色进

① 被访谈人：弘耀道长；访谈人：王加华；访谈时间：2012年12月1日；访谈地点：禹王台弘耀住处。

② 被访谈人：弘耀道长；访谈人：王加华；访谈时间：2012年12月1日；访谈地点：禹王台弘耀住处。

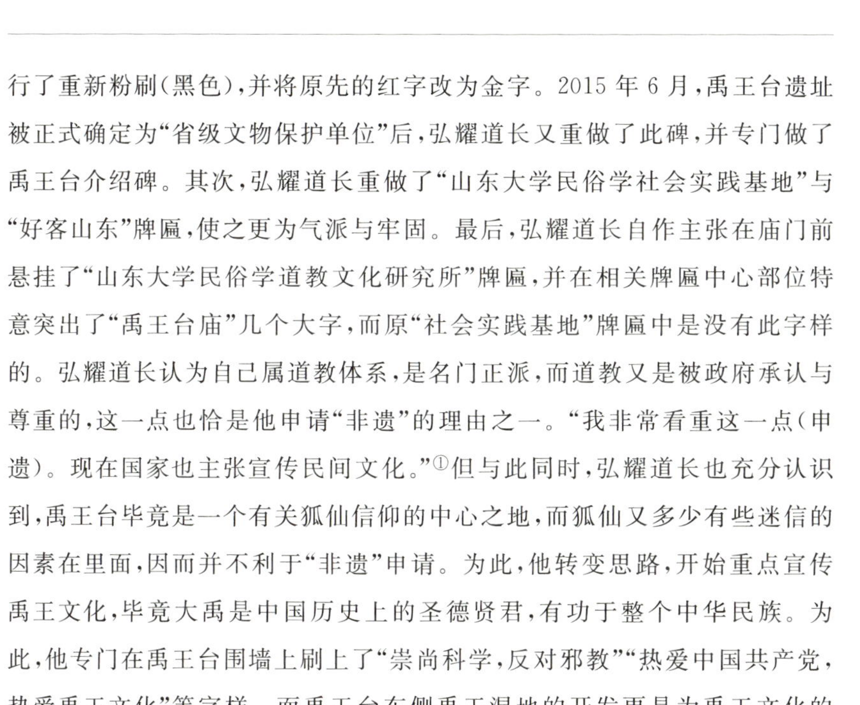

行了重新粉刷(黑色),并将原先的红字改为金字。2015 年 6 月,禹王台遗址被正式确定为“省级文物保护单位”后,弘耀道长又重做了此碑,并专门做了禹王台介绍碑。其次,弘耀道长重做了“山东大学民俗学社会实践基地”与“好客山东”牌匾,使之更为气派与牢固。最后,弘耀道长自作主张在庙门前悬挂了“山东大学民俗学道教文化研究所”牌匾,并在相关牌匾中心部位特意突出了“禹王台庙”几个大字,而原“社会实践基地”牌匾中是没有此字样的。弘耀道长认为自己属道教体系,是名门正派,而道教又是被政府承认与尊重的,这一点也恰是他申请“非遗”的理由之一。“我非常看重这一点(申遗)。现在国家也主张宣传民间文化。”[①]但与此同时,弘耀道长也充分认识到,禹王台毕竟是一个有关狐仙信仰的中心之地,而狐仙又多少有些迷信的因素在里面,因而并不利于“非遗”申请。为此,他转变思路,开始重点宣传禹王文化,毕竟大禹是中国历史上的圣德贤君,有功于整个中华民族。为此,他专门在禹王台围墙上刷上了“崇尚科学,反对邪教”“热爱中国共产党,热爱禹王文化”等字样。而禹王台东侧禹王湿地的开发更是为禹王文化的弘扬与开发找到了现实依托。禹王台所在地区由于地势低洼、十年九涝,因而有大量沼泽水域存在,将近 6 平方公里的禹王湿地就是重要体现。近年来,禹王湿地成为寒亭区政府的一个重点开发项目,其总体定位是:“以新农村建设为背景、湿地文化为底蕴、民俗文化为特色、生态文化为时尚、乡村风情体验为亮点,把万亩湿地建设成为集生态教育、湿地观光、特色种植与养殖体验、商务休闲于一体的精品湿地。”[②]2012 年 12 月,高里镇政府就与某公司签订了 3 亿元的禹王湿地开发合同。与此同时,对禹王文化的弘扬与开发也被作为高里镇党委政府的一项重要工作而推行开来。对此,弘耀道长认为,这正是充分挖掘与弘扬禹王文化的重要契机,因而也必将有利于禹王台“非遗”申请的进行。

与此同时,弘耀要将禹王台“申遗”的想法得到了原寒亭区政协文史委主任张宝辉的大力赞成与支持,并认为从文化的厚重度来讲其完全具备申

① 被访谈人:弘耀道长;访谈人:王加华;访谈时间:2012 年 12 月 1 日;访谈地点:禹王台弘耀住处。

② 《潍坊禹王生态湿地》,山东农业商务网,2011 年 5 月 25 日,http://www.sdncp.com/art/2011/5/25/art_5361_269499.html.

遗的可能性。张宝辉虽只是一个区政协文史委主任，但却是近些年来寒亭传统文化资源挖掘与整理过程中的关键人物之一。从年轻时，张宝辉即注意对当地传统文化的搜集与整理，后进入政协文史委工作，与这方面工作结下了不解之缘。2008 年，“柳毅传书”被列入山东省非物质文化遗产名录，2011 年又入选国家级“非遗”名录。在这一过程中，张宝辉即发挥了重要作用。为此，2012 年他被确定为柳毅传书的市级文化传承人并被逐级上报。2011 年与 2012 年，主要由张宝辉具体负责搜集、整理并协调各方面工作的《寒浞嫦娥历史与传说》《潍县萝卜》书稿完成，后者已由山东大学出版社出版发行。

省级重点文物保护单位“禹王台遗址”碑(王加华摄)　　禹王湿地效果图(王加华摄)

2014 年初，弘耀道长及张宝辉等人发起成立了“潍坊市寒亭区禹王台历史民俗文化研究会”，并于是年 10 月整理出版了《风雨沧桑禹王台》一书。同年 12 月，“禹王台传说”被成功列入第四批潍坊市级非物质文化遗产代表性项目。[①] “禹王台传说”的内涵为(具体传说文本，请参见本书附录)：

> 禹王台传说经历史演变，主要可划分为三大传说故事系列：一是关于大禹治水民间民俗文化信仰类的民间传说故事，二是禹王台湿地渔盐民间民俗文化信仰的故事传说，三是禹王台狐仙(即老三哥与黄仙姑)民间民俗文化信仰的传说。其中最主要、最精彩的是关于大禹治水的民间传说故事。这三大系列包括了 10 种版本、60 多个独立的传说故事。主要故事：一是大禹治水用临淄土筑台的民间传说，二是秦始皇巡

① 参见《关于公布第四批市级非物质文化遗产代表性项目名录的通知》，潍坊市文化广电新闻出版局网站，2014 年 12 月 25 日，http://whj.weifang.gov.cn/Item/Show.asp? id=3181&m=1.

游筑台的民间传说，三是古斟灌国祭祀筑台的民间传说，四是古代王侯（即大禹王陵）墓地封土筑台的民间传说，五是古代军事堠墩筑台的民间传说（即烽火台的民间传说），六是防止水患筑台的民间传说，七是禹王台神灵狐仙筑台的民间传说，八是禹王显灵民众在禹王台顶上盖禹王庙的传说，九是大禹降服七河龙王的传说，十是大禹派神兵堵丁家河决口的传说，等等。[①]

① 参见《潍坊市级非物质文化遗产名录项目申报书·禹王台传说》，2013 年 10 月 20 日。

第三章
神灵信仰

神灵信仰是人类社会的一种普遍现象。在禹王台村，亦存在着非常浓厚的神灵信仰氛围，并且由于禹王台的存在，更是使禹王台村成为周边区域范围内神灵信仰的中心所在。这里不仅存在众多的庙宇与神灵，还有广泛流传的信仰传说与故事；不仅有日常的祭拜行为，还有繁盛的庙会活动。而在所有的神灵信仰中，又以狐仙最为老百姓所崇敬与供奉。只是近些年来，随着禹王台被个人承包，这种状况亦悄然发生了一些变化。

一、庙与神

禹王台村存在着众多的庙宇与神灵，而这些庙宇与神灵又主要位于禹王台之上。

在禹王台诸庙宇中，长期以来禹王庙一直为禹王台之主庙，这在地方志记载与文人学士描述中多有反映。正因如此，现今禹王台之正门匾额才书“禹王庙”而非“禹王台”之字样。至于禹王庙之始建年代，现已不可考。据清康熙《潍县志》卷五《古迹》记载：“禹王台在望海门北六十里，相传大禹治水时所筑，有禹庙在。”这说明至少在清康熙年间，此庙即已存在。而据村里陈发源老人的回忆，在其小时候，禹王庙影壁后曾有一通碑，上面有唐朝时重修此庙的记载。[①] 这说明至少唐时,此庙已存。而禹王台历史民俗文化研究会编写的《风雨沧桑禹王台》一书则说:"据民间调查,禹王台大禹庙的始建年代,可以追溯到先秦三代时期,而据被毁的禹王台上的碑碣记载,魏晋南北朝时期已有重修禹王台禹王庙的记载。"[②]即认为早在先秦时期,禹王庙就已存在了。历史上,禹王庙曾经过多次重修。如陈发源老人见到的唐代重修碑,即证明唐代时重修过。民国《潍县志稿》卷九《营缮・坛庙寺观》记载:"禹王庙,禹王台庄,清乾隆三十年重修。"郭坛《望台考》云:"嘉庆戊午县令庄明府捐俸修葺,庙宇焕然,为海滨胜迹。"这说明清嘉庆年间也曾进行过重修。1938 年,此庙被破坏;1992 年,当时肖家营乡主持重建了禹王庙。作为禹王台之主庙,禹王庙的主神为禹王,其主要职责在于保佑地方风调雨顺,庄稼能有好收成。今禹王殿位于台顶正北侧,坐北面南,正殿三楹,很是雄伟壮观。大殿周围绿树环绕,殿前有台阶庑廊,阶下有巨大的香炉。大殿正中央端坐着禹王神像,还有天、地、春、夏、秋、冬六位配神分列左右。不过,近两年来,尤其是弘耀被迫离开禹王台后,禹王殿疏于整修,殿顶杂草丛生、瓦片破烂,廊柱油漆脱落,整座殿宇呈现一副破败之相。

禹王神像(王加华摄)

① 被访谈人:陈发源;访谈人:张宇、王加华;访谈时间:2010 年 6 月 17 日;访谈地点:禹王台村陈发源家。

② 潍坊市寒亭区禹王台历史民俗文化研究会编:《风雨沧桑禹王台》(内部刊物),2014 年,第 62~63 页。

老三哥庙，亦为禹王台本有庙宇之一。其始建年代不得而知，不过据傅廷兰《民台十景诗》序中“台顶四面……有仙人洞、仙人庙”之语可知，至少在清嘉庆年间已有此庙，只是当时被称为“仙人庙”，而“仙人”正是当地人对狐仙的尊称（另一尊称为“老三哥”“老爷爷”）。20 世纪 20 年代，老三哥庙毁于大火，此后很长一段时间一直未重建。1992 年，肖家营乡出资复建了禹王庙，受此鼓舞，禹王台周边民众自发捐款重建了老三哥庙。如今的老三哥庙位于禹王台顶、禹王庙西侧，亦为正殿三楹，只是建筑规制比禹王庙要小很多。老三哥庙供奉的主神为老三哥，也就是狐仙。据村民传说，禹王台的狐仙本名叫“林帮财”，在家中排行老三，因此大家都称他为“三哥”。又因他平易近人、谈吐不凡且举止潇洒，风度略似仙人，因此人们又在“三哥”之前冠以“老”字，而尊称他为“老三哥”。[①] 现如今的老三哥庙共供奉有三位神祇，中间为老三哥，其左侧为绪同哥（林相云），右侧为玉惠哥（林相玉），分别为老三哥的儿子与侄子，一个负责开方，一个负责抓药。总之，三位狐仙的主要职责在于为人治病，其中玉惠哥更是以治疗与肩膀有关的疾病而闻名。当然，除了为人看病外，作为狐仙的老三哥还能满足民众其他方面的生活需求，如出借碗盘、为人指路等。

老三哥神庙（王加华摄）

① 参见《禹王台与老三哥》，载潍坊市寒亭区民间文学集成编辑室：《寒亭民间文学集成》卷一，1988 年，第 248 页。当然，狐仙排行老三之说为华北各地普遍流行的说法。

不过，禹王台的狐仙并非只有林姓一支，据在禹王台周边村落流传的《禹王台神谱》所载，禹王台的狐仙谱系共有三个姓氏家族，即胡、林、武，其中胡、林两姓人丁更为兴旺。三族共同居住在禹王台之上，且相互通婚，如胡贤君与林香莲即为夫妻。除此之外，三族还不断向外开枝散叶。据说，过去老潍县县城与五道庙一墙之隔的仙师庙里供奉的仙师，就是由禹王台的狐仙分家而成的，是为《禹王台神谱》（具体内容参见本书附录）中的胡氏一支，此外还有禹王台西斟灌城林氏一支，禹王台东南乡武氏一支。相传清末潍县状元王寿彭就是有赖于仙师庙中狐仙的护佑而高中状元的。王寿彭状元及第后，特地回乡还愿，亲为之题"仙师庙"匾额，并题"仁术博施能济众，虔诚祈祷自蒙庥""千处祈祷千处应，一方恭敬一方灵"两副对联。民间还传说王寿彭还愿时，夜晚梦到仙师托梦，云："水有源，树有根，本仙师法术占验，均得自禹王台神灵狐仙先祖老三哥真传，还愿拜师必恭敬祭祀吾'胡、林、武'三支先祖。"王寿彭醒来后，便立即来到禹王台，拜谒了老三哥。还有民间传说称，清乾隆皇帝六下江南时路过禹王台，感染时疫，病势危重，而随从御医们却束手无策，于是便广招天下奇能异士前来为皇帝治病。这天来了一位白胡子老头，自称姓胡，家住潍北地区禹王台。白胡子老头从袖中取出丹丸，并进以甘露，乾隆皇帝一饮而尽，很快便药到病除，于是便敕封其为"护国神医胡三太爷"。[①]

胡三太爷神像（王加华摄）

① 参见潍坊市寒亭区禹王台历史民俗文化研究会编：《风雨沧桑禹王台》（内部刊物），2014年，第65～66页。

仙姑庙亦为禹王台早已存在的庙宇,不过具体建于何时,不得而知。1938 年,仙姑庙被毁,此后很长一段时间一直未能重建。1997 年 3 月,寒亭区泊子乡蔡家栏子村村民邵元珠为完成父母遗愿,并感谢仙人保佑“步入青云,家资累厚,全家人身体健康,本人取得硕士学位、仕途显达,二子均是大学生,更感神恩救己四次,大难而不伤命”①,捐资 5 万重修仙姑庙,并立有石碑一块,即《重建仙姑庙记》碑(具体碑文参见本书附录)。仙姑庙内供奉有云霄、琼霄与碧霄三位仙姑。关于三位仙姑的身份,当地说法不一。有村民认为仙姑与狐仙无关,但究竟是谁也说不清楚。也有村民认为,仙姑其实就是狐仙。如在《禹王台神谱》中,林济深之女林宝珠即被称为“老仙姑”,胡三太的女儿亦被称为“胡灵仙姑”。另有一种说法,三位仙姑为老三哥的三位夫人,分别称为蝴蝶姐姐、燕面姐姐与桃花姐姐②,还有一种说法是蝴蝶姐姐、桃花姐姐、云灵姐姐③。民众敬拜仙姑的目的主要是求子,此外她们亦有治病的神力。调查时发现庙内挂有一面“医德神广”字样的锦旗,由寒亭区央子街道蔡延强于 2010 年正月敬献。

仙姑庙(王加华摄)

① 参见禹王台《重建仙姑庙记》,1997 年春月。

② 参见张宝辉:《狐仙传说的在地化表现——以鲁中寒亭禹王台为个案》,载山东大学文史哲研究院民俗学研究所主办:《百脉泉》(内部刊物)第九辑《潍坊寒亭地区狐仙信仰与传说调查专辑》,2011 年7 月。

③ 参见潍坊市寒亭区禹王台历史民俗文化研究会编:《风雨沧桑禹王台》(内部刊物),2014 年,第67 页。

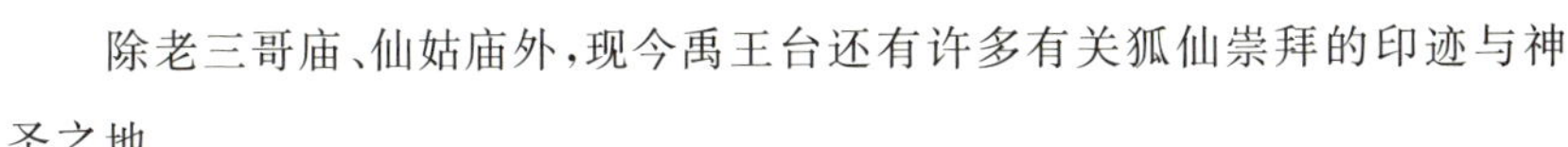

除老三哥庙、仙姑庙外，现今禹王台还有许多有关狐仙崇拜的印迹与神圣之地。

一是狐仙洞。据傅廷兰描述，至少嘉庆年间已有狐仙洞存在。截至2010年，明显可见的狐仙洞还有三个，皆位于台底东侧土壁上。洞高约2米，宽约1米，内部光线昏暗，可明显看到许多狐狸挖的小洞。1997年，祖籍昌邑、后迁居台湾的王兰桂出资对狐仙洞进行了整修，在每个洞口皆用砖头垒砌成大门的模样，并在两侧书写了对联。洞内有“心诚则灵”或“有求必应”石刻，下放一石质的狐狸塑像。据村民说，这些洞其实是由人工而非由狐狸挖掘而成。[①] 2011年，因雨水冲刷，为防止洞壁垮塌而伤人，西侧狐仙洞被村民用砖石封闭，东侧狐仙洞则由信众捐资用石头加固。现在只有一个洞口开放，向里好多米，弯弯曲曲，高低错落，乌黑一片，没有光线照射无法行进，到深处一些拐角处有香客奉上的供品。此洞除了是虔诚的信众的朝圣之地外，还成为年轻人及孩子们探险游玩的乐园。

二是狐仙冢，位于禹王台第二层台面处。据村民说，狐仙冢本有很多座，后被陆续铲平。截至2010年6月，明显可见的狐仙冢还有三座。其中一座冢前立有一通高约40厘米的碑，中书“胡赠鼎”，左、右两侧分别为“侯镇村杨记立丁座”“于公元贰零零捌年清明谷旦”的字样。狐仙冢中埋葬的大多是被人误杀的狐狸，这些人在受到狐仙惩戒之后，为求解脱，便许诺厚葬这些死于非命的狐狸，狐仙冢由此而立。2011年3月，为美观并为九天玄女庙腾出建庙用地，两座狐仙冢被迁到了老三哥庙左侧，连同2010年下半年因放生后不适应环境而死亡的两只家养狐狸的冢，形成了四座狐仙冢。有意思的是，迁移过来的两具狐狸还分别与放生后死亡的两只狐狸合葬而结成阴亲，并分别立有“狐仙林良萍胡清增夫妻之墓”与“狐仙胡赠鼎林赠增之位”

① “这都是1958年人工挖的。俺这一个片，那时候是一个小乡，全部都在这里盛地瓜种。当时挖了很多，还有一个竖井呢，里面那些小的才是狐狸挖的洞。原来不是四个就是五个。洞口里面那些小狐狸像是冯弘耀来了以后才弄的，原先里面什么也没有。”被访谈人：陈月龙；访谈人：王加华；访谈时间：2011年5月27日；访谈地点：禹王台庙看门处。

两通石碑。[①] 2013年7月、10月与11月，在部分信众的捐资、供奉下，又陆续兴建了五座狐仙冢墓。截至2017年10月，共有狐仙冢墓八座，但令人奇怪的是，“狐仙胡赠鼎林赠增之位”的墓碑不见了，取而代之的是“狐仙胡林赠鼎诚”的石碑，不知何意。

狐仙冢(王加华摄)

2009年11月，弘耀道长承包禹王台以后又新建了多座庙宇。进入禹王台后，首先映入眼帘的便是五路财神庙。五路财神庙始建于2012年，正殿三间，殿内居中雕塑五路财神神像。在潍北地区，民间认为，所谓的五路财神是指范蠡、比干、赵公明、李诡祖、关老爷这五位财神。历史上，潍坊地区有在农历七月二十二给财神爷过生日的习俗，相传此俗康熙年间即已存在，到民国时期更趋兴盛。对此，民国《潍县志稿》卷十四《民社·风俗》记载：“七月二十二日谓为财神生日，各商家无论巨贾小贩，皆设祭供神，饱恣饮啖。虽近迷信，但相沿已久，至今不绝。”城隍庙建于2011年，由弘耀道长与五位民间善人共同出资建造。整座庙宇外观为一座微型古城或者说一座微型古城

① 2010年10月，山东寿光的一个狐仙信众团体从当地狐狸养殖户中购买了22只狐狸，然后将其放生到了禹王台上。但由于都是人工喂养的狐狸，并没有自立谋生的能力，于是经过一个冬天，这些狐狸基本都死去了，到2011年5月只剩下了一只(后来也死去了)。这些死去的狐狸，都被埋在了禹王台上。据弘耀道长所说，2011年3月准备迁移狐仙冢时，狐仙托梦于他，希望能给配一个阴亲，于是弘耀道长就将死后埋在台上的狐狸与原先埋在这儿的“狐仙”配了亲。

的一段城池。在城池之间的便是三间城隍庙，庙内城隍神居中，牛头、马面等一干冥界神灵分列两边。九天玄女庙建于2010年，整座庙宇的外观造型有江南吴越地区的庙宇风格，殿内九天玄女神像为玄鸟人面，颇有神韵。北斗庙建于2010年，庙内供奉北斗星君。北斗星君为主管文运之神，古往今来，凡士子学者，几乎皆拜此神。长寿宫建于2014年春天。殿内有南极仙翁寿星神像，背倚苍松翠柏，左手拄着系有仙丹葫芦的龙头拐杖，右手托着一枚瑶池仙桃，两侧则是鹿鹤同春和童子献寿。胡三太爷庙建于2010年，供奉狐仙胡三太爷。俗传胡三太爷一支的祖师爷，名讳胡颜飞，有一子二女，其子名讳胡老仙师，长女名讳胡继春，次女名讳胡继暖。胡老仙师又育有三子一女，长子名讳胡山太，次子名讳胡仙太，三子名讳胡三太，小女名讳胡业兰。土地庙，建于2010年上半年，供奉土地老爷。历史上，禹王台上曾建有土地庙。村中有人去世后，人们便到土地庙来报庙，当地人称“送盘缠”。举行此项仪式活动时，先到庙台土地庙中祈祷一番，下来以后再在禹王台南端进行相关仪式活动，时间一般是在黄昏的时候。后来禹王台土地庙被毁坏，一直未重建。山神庙建于2010年下半年，内供奉山神。整座庙宇非常狭小，长、宽、高均为1米上下。禹王台地处平原地带，附近并无山峰。之所以要在禹王台上建山神庙，是因其系周边很大范围内的制高点，当地民众是将其作为“山”来看待的。①

除了禹王台上的庙宇外，历史上禹王台村内还曾有其他庙宇存在。一是菩萨庙，位于禹王台的西北面，有西屋四间，还有厢房，供奉有南海观世音菩萨神像。20世纪30年代，此庙被改为小学，当时禹王台乡下辖几个村庄的孩子都在此上学。据村民陈发源老人回忆，他小时候就是在此庙内上的小学。禹王台东北角也有一座庙，当地人称之为“姑子庵”。据村民回忆，姑子庵规模宏伟。抗日战争时期，日本人驻扎在禹王台台顶，汉奸队伍就在姑子庵里驻扎。1949年以后，姑子庵被拆除，拆下来的石头、柱子、大梁之类的东西，被拆庙之人(主要是一些贫下中农)瓜分。此外，村里还曾有两座关帝庙，一座在村东北，一座在村西北，分别冲着两条通向两个南门的南北道路。两庙相距约500米，庙内供奉有关帝爷神像。1949年以后，这些庙宇被一并

① 参见据潍坊市寒亭区禹王台历史民俗文化研究会编:《风雨沧桑禹王台》(内部刊物)，2014年，第70～82页。

拆除，此后再未复建。

不论过去还是现在，禹王台村均有大量的神灵存在，但其中更为地方民众看重且对他们生活产生更大影响的却是狐仙。在禹王台周边村落，均具有浓厚的狐仙崇拜氛围，而在提及狐仙信仰中心之地时，则无一例外均会提及禹王台。因此，禹王台主要是作为一个有关狐仙信仰的神圣之地而被周边几十公里范围内民众所关注的。尤其是那些距禹王台稍远一些的村庄，大多数村民心目中所知道的禹王台神灵通常就只有狐仙——老三哥。在被问到哪个神灵最灵时，受访者几乎无一例外地说是“老人们”灵——“老人”正是当地人对狐仙的称呼。“俺这里老爷庙最灵，人们都是先来这里烧香，其他的庙去也行，不去也行。”

作为潍县历史上之一大胜景，禹王台是如何成为周边地区狐仙信仰之中心地的呢？据当地传说，这与禹王有关。大禹的妻子涂山氏为九尾狐仙，按“从夫居”的传统，哪里有禹王庙，哪里也就有狐狸与狐仙，因此当地民间至今还流传着“凡是有禹庙的地方就有狐仙”之说。还有一种说法是，相传大禹筑禹王台的时候，曾得到九尾狐仙暗中帮助，人们白天筑高多少层土，晚上土台就会自己长高多少层土。于是在九尾狐仙的帮助下，高台很快筑就，自此大禹指挥治水更加方便，最终治住了水患。百姓感念狐仙恩德，便开始供奉狐仙，并最终形成了狐仙信仰。[①] 实际情况是，曾经禹王台也确实有大量狐狸出没其间。正如民国《寿光县志》卷十一《物产》所云：“狐，本境产者曰草狐，皮可为裘，比外来者其质劣。县境禹王台、纪台等处荆棘茂密，向多有之。”而之所以如此，又与狐狸的生活习性及禹王台独特的高地地貌有关。应该说，狐狸的大量生存与繁衍，是禹王台成为当地狐仙信仰中心地的基础所在。

狐狸是一种杂食性动物，而且从不挑食，有什么吃什么，野兔、山鸡是它的佳肴，小鸟、田鼠是它的点心，连小鱼、青蛙都能充饥，蠕虫、昆虫也聊胜于无，甚至连动物尸体也不放过。[②] 禹王台所在地貌是潍北平原，而且是众河流交汇处，在雨季可谓是“十年九涝”。在周边全是水的情况下，作为周边一

① 参见《潍北胜迹禹王台》，“潍水左岸”的博客，2012 年 2 月 5 日，http://blog.sina.com.cn/s/blog_3e2cf5040102eag2.html.

② 参见李寿菊：《狐仙信仰与狐狸精故事》，台湾学生书局 1995 年版，第 6 页。

二十公里范围内唯一的高地地形，禹王台脱颖而出，自然成为狐狸优先选择的居住之地，大量狐狸出没其间也就不足为怪了。而且那时候禹王台的南边及西边没有房屋，全是一片片树林，禹王台上也是树木林立、杂草丛生，周围也没有院墙，正方便狐狸出入。后来生产队时期用来存地瓜的洞也给狐狸的生存与繁殖提供了很大便利，狐狸们就在这些大洞里面挖小洞生存、繁殖，而且几乎天天有人去送吃的，台下水沟也是狐狸捕食的好地方。总之，这样的自然环境使得禹王台成为狐狸的乐园。据禹王台村上了年纪的村民回忆，20 世纪 80 年代以前，不论白天还是夜晚，经常可以在台上及台边的庄稼地里见到狐狸的身影。今天漫步在禹王台之上，也随处可见狐狸挖掘的洞穴。当地人根据狐狸之毛色来判断狐仙修行之年限，所谓“千年白，万年黑，万万年土黄色”，修炼时间越长，道行也就越深。

狐狸(王加华摄)

村民认为狐仙嘴里能够喷出仙火(当地俗称“火蛋儿”)，由于狐狸众多，夜晚站在高处四下望去，可以看到仙火点点，尤其是三月三这天晚上。对此，村民陈邦杰回忆说：

> 我记得正月十五晚上，台上的狐仙能从鼻子里喷出“火蛋儿”，就像火一样。[1]

[1] 被访谈人：陈邦杰；访谈人：赵容；访谈时间：2011 年 5 月 27 日；访谈地点：禹王台村村委会。

关于狐仙吐"火蛋儿",村民们的解释是:

正月十五,狐狸一家就跟过团圆年似的,聚得最齐,其他天来得都不齐。原来俺这有围墙,大家都在那看狐狸喷"火蛋儿",綦好看,綦热闹。①

据村民回忆,1950年前后,狐狸很多,到1965年仍然相当多,但是之后就不多见了。这主要是由于人口逐渐增多,村子房屋向南、向西扩建等原因,整个禹王台四周已经被房屋包围起来,而且体积大为缩小,植被也不再是葱葱郁郁,而是疏疏落落。如今,禹王台已经再也见不到野生狐狸了。"过去台子在庄外,现在在庄里了,西边南边都有屋子,你说这皮狐子它还敢出来啊?出来也不方便了,而且这几年旱得也没水喝了。前几年修围墙的时候,我在台子上看到过一窝小狐狸,刚长毛,很小。"②

二、庙会与仪式

仪式活动及其相关行为是信仰活动中最为外显的层面。从时间上来划分,信仰活动可分为两个时段:一个是神圣时间,在民间信仰中最为集中的表现就是庙会;一个是世俗时间,即在日常生活中的信仰行为。对于围绕禹王台而生发的神灵信仰与崇拜,亦可同样分为这两个层面。

一年之间,围绕禹王台神灵信仰的神圣时间主要有三个:一个是正月十六禹王台庙会,另两个分别是在农历三月三与九月九。其中,最为民众看重、仪式也最为隆重的是正月十六庙会。虽然庙会是以禹王台这一神圣空间为核心进行的,同时还会涉及禹王、仙姑等神灵,但狐仙信仰却是庙会的核心,老三哥庙香火最为旺盛即是明证。③ 由于当地对狐仙极为崇信,久而久之便形成了一个传统,即人们总是于正月十六禹王台庙会之后才会重新开始一年的工作,如通常总是于这天之后才外出打工、干活等,直到今天仍旧如此。因此,对当地人而言,正月十六不仅是有关狐仙崇拜的神圣时间,同时也是一年之中人们日常生活的一个重要时间节点。

---

① 被访谈人:陈邦杰;访谈人:赵容;访谈时间:2011年5月27日;访谈地点:禹王台村村委会。

② 被访谈人:陈发源;访谈人:张宇、王加华;访谈时间:2010年6月17日;访谈地点:禹王台村陈发源家。

③ 当被问到"哪个庙香火最旺"时,受访村民基本都会说是老三哥庙。

庙会烧香(吴美云摄)

禹王台正月十六庙会已有比较久远的历史,至少在20世纪初即已存在。据村民说,1938年日本人侵占本地区之前,禹王台庙会就已非常兴盛。① 虽然正月十六才是庙会"正日子",但实际上从正月十二就开始有香客陆陆续续从四面八方前来,而正月十六这天达至鼎盛。庙会辐射地域,除禹王台周边几十公里范围内的村落外,还会涉及潍坊、寿光、昌邑等地,更远的甚至到青岛、烟台等地。人们点香烧纸、磕头敬拜,并给老三哥加袍穿鞋,台上到处人声鼎沸、纸灰飞扬,气氛非常热烈。那些得偿所愿的人,更是要在庙会期间前来烧香还愿。有的人家还会请戏班唱还愿戏,在台顶搭起简易的舞台,敲锣打鼓唱起来,通常会好几场戏同时上演。台下则是另一番景象,有玩龙灯、扭秧歌的,也有耍旱船、说大鼓书的,香客、游人纷纷驻足观看,既娱神又娱人。另外,兴盛的庙会亦吸引了大量商贩前来,届时禹王台周边百货云集,有牲口市、木货市、玩具市、农具市等,其中以木货市为最大,其次是玩具市。售卖小食品的商贩也穿梭于人群之间,台南边竖着一根一根的杆子,上面插满了糖葫芦,远看一片红。据村民介绍,庙会期间,禹王台村几乎家家

① 不过,据民国《潍县志稿》卷七《疆域・会集》所载,在所记载的全潍县35个"山会"中,并没有禹王台庙会的名字,这是否说明当时禹王台庙会其实并不是非常兴盛呢?

户户都会有客人来访，多的人家更是会坐“好几桌”。这些人主要是来赶庙会、看庙戏的，饭点时再到本村亲戚家吃饭。为准备饭食、招待客人，禹王台村的大多数人家反而没有时间到台上烧香拜神，只能抽空或提前几天前去祭拜：

> 正月十六那天，所有的客都来了。客人太多了，得给他们做饭，都捞不着来（抽不出空前来）。我们村的人都是十六以前来烧烧香、拜拜神。[①]

1938年后，随着庙宇被焚毁及日本人的进驻，庙会开始呈现衰落之势，境况大不如前。抗战胜利后，禹王台庙会才又逐步走向繁荣，虽然庙宇一直未被重修。1949年以后，尤其是“文化大革命”爆发后，受当时政治形势的影响，庙会活动大为衰落。虽然也有一些周边民众偷偷前来烧香敬拜，但人数已大大减少，地域范围也仅限于禹王台周边十几公里范围之内，往日繁荣的庙会市场更是不见踪影。这种情况一直持续到20世纪80年代初期，此后庙会活动渐有恢复，但一直到1992年大禹殿、老三哥庙重建之后，禹王台庙会才又渐趋兴盛。不过与1938年之前的盛况相比，已远不能及：一是参加人数少；二是辐射范围小，仅限于禹王台周边一二十公里范围内；三是庙市大为缩小，售卖物品不再分区，牲口、农具、木货等逐步退出交易行列，取而代之的是烟花爆竹和各类饼干点心等。2009年底，禹王台被弘耀道长承包。2010年庙会由于大雪，前来烧香敬拜之人大大减少，让原本“准备大干一场”的弘耀道长大失所望。但随着新庙宇的兴修及弘耀道长的大力宣传，2011年庙会从正月初一开始，就陆续有人前来烧香拜神，到初八开始出现人流高峰，此后一直持续到十六而达于顶峰，十八以后才开始日渐稀少。其中，正月十二到十六，弘耀道长还专门从青岛崂山等地请了4位道士前来助阵，这使当年的庙会格外兴盛，达于1949年后之顶峰。据统计（通过门票），前后所来人数不下10万人。[②]

---

① 被访谈人：张为芳，女，1948年生，禹王台村村民；访谈人：王加华；访谈时间：2011年5月27日；访谈地点：禹王台庙看门处。

② 另外，庙会期间还会有大量“免票”人员，主要是由禹王台村村民、附近村落领导、镇上工作人员及前来维持治安的警察与消防人员等“带来”的亲戚、朋友等。据弘耀道长估计，总数有一两万人。

总之，庙会期间，禹王台到处是挨肩擦背，以致经常会有危险发生：

小孩那天根本进不来。警察把着大门，今年有一个孩子，多亏公安给拉起来，要不然就被踩死了。在台凳子（台阶）上还发生了这么一场，把那个老太太差点挤死，人太多了。①

前来参加庙会之人，除潍坊当地人外，还有大量来自威海、青岛、东营甚至东北等地的香客。2012年庙会延续了2011年之盛况，断断续续的人流从正月初一一直持续到二月初二，仅买票前来者就不下10万人。另外，2012年所请道人增加到10位，从初十到十六，在各庙内为信众问卜解签。庙门前东西街及附近其他街道，粗略估计，固定摊贩不下200个，另外还有大量流动商贩，售卖物品主要以香纸、玩具及零食为多。由于前来的游人、香客人数众多，2011年、2012年的正月十六当天，高里镇地方政府都专门派出200多名公安、协警及消防人员，以维持现场秩序并防止意外事件的发生。另外，弘耀道长又在每个庙前分别雇请了两位村民，专门负责看管香火燃烧情况，以防止火灾发生。

从整个庙会来看，外地人并不像禹王台村人那样直奔老三哥庙，他们大多按照从上到下或从下到上的顺序挨个拜神，而且他们也不管这神仙是管什么的，都一律祭拜。从他们的话语中可以看出，他们抱持的是一种"神仙就什么都管""哪个都不得罪"的心理。而禹王台本村人大多依旧直奔老三哥庙，再就是禹王大殿，最后去狐仙洞，其他的可去可不去。当被问及为何其他庙不去时，有位老太太先是带有自我暗示意味地说："在哪儿烧都一个样啊，在哪儿烧和老人（神仙们）说说，老人都保着。"然后又悄悄地说："那些都是包庙的新建的，不灵，我们这儿都不认，我们这儿还是老爷（老三哥）最灵啊。"②

阴历三月三，是1992年禹王台庙宇重新修筑之后才形成的一项新"传统"。按当地习惯，三月三本是"过神仙"即祭拜神仙的日子。作为神仙之一，狐仙自然也在敬拜之列，只是长期以来人们通常只是于各自家中早晚摆供两次，并未形成人群聚集的祭拜传统。三月三这天，围绕禹王台诸神的祭

① 被访谈人：陈月龙；访谈人：王加华；访谈时间：2011年5月27日；访谈地点：禹王台庙看门处。

② 吴美云：《寒亭禹王台狐仙信仰探究》，山东大学硕士学位论文，2013年。

拜形式有很多种:一是上台祭拜。这天禹王台村家家户户的妇女几乎都要到台上去烧香并烧纸发喜钱,周边其他村落民众也有前来者,通常总数在几千人左右。二是在村内路口对着禹王台的方向祭拜,主要盛行于离禹王台稍远一些的村庄,家中有事之人或行动不便的老人多采取此法。放好桌子、摆好供品后,首先要俯身说明自己为何不能前往,然后再祈求老三哥保佑家人身体健康或生意兴隆等。也有的村落由香头组织村民在路口对着禹王台的方向祭拜。一般是提前几天,在自愿的基础上向各家收取一定的费用,通常几元到十几元不等,然后用这些钱购买燃香、黄表纸及各种供品等。待三月三这天早上,通常是8点钟左右,香头便在村口路上摆好桌子,放好供品,提前交过钱的人家便出一代表——一般是女主人,前去参加祭拜。当然,亦可在仪式进行时,临时自带香、纸等前去参加。三是在家中摆供祭拜,放好桌子,点香烧纸,供品则无具体讲究,瓜果、馒头、点心等均可,早晚各一次。这一形式应该是传统三月三习俗的延续。

香火摊(王加华摄)

九月九,则是一年之中围绕禹王台狐仙崇拜的第三个神圣时间。九月九禹王台庙会已有比较久远的历史,只是在持续时间与人数规模上不如正月十六庙会盛大。就近几年的情况来看,这天前来禹王台烧香敬拜的人通常在1万左右,涉及地域范围一般是禹王台周边几十公里范围内的村落,而

不像正月十六那样有昌邑、东营等地的信众前来祭拜。

当然，一年之中，禹王台村人并非只赶禹王台这一个庙会，周边其他村落的庙会他们也都会前去：

> 除了正月十六庙会，我们村的人还在四月二十八去三甲王赶会。三甲王原来有庙，叫“康家庙子”，现在没有了。三甲王离这里有5里，在我们村的南边，正直上南，路西就是。还有一个台底会，是在四月十六，也很古老。四月初八是官庄会，离这里最多十三四里路吧，在东南方。传说秃尾巴老李就是那个村的，四月初八是他的生日。往北也有一个庙会，那就是新起的了，属于寿光，叫“地沟庙会”，才举办了三五年的时间吧，那里没有神，办庙会就是为了繁荣市场。以前有个集市，后来就借着这个集市办起了这个会，是在三月里。再就是龙王庙了，在二月二，在北海边上，离这里有90里路。这村卖香纸的都去赶，一般村民去的很少。[①]

围绕着禹王台及狐仙信仰，一年之中，除去三个神圣时间段外，在平日生活中，也有诸多围绕狐仙的信仰行为。具体而言又可分为两种人：一是普通村民，二是顶狐仙的香头。普通村民平日针对狐仙的崇祀行为主要是每月初一、十五到禹王台烧香祭拜，另外就是逢年过节时。对禹王台村民而言，由于地理位置之便，加之不会收取门票，每月初一、十五外，其他时间亦可随时上台祭拜。正像一位老年女性村民所说的那样：

> 我几乎隔个一两天就来一次，到各个庙看看。一般就带点点心来，有事的时候再买鸡、鱼什么的。我并不是有事的时候才来，基本每月初一、十五肯定都会来。平时来烧香的妇女多，男的少。早先的时候有合伙来的，给神做袍什么的。你拿两块，我拿三块，合起钱来做个袍，献给神。做袍是自发的，有些是遇上事了。比如说来求子的，应验了，想要儿子的真有了儿子，来还愿。我们曾合伙给老爷、禹王爷做过三四身袍。[②]

---

① 被访谈人：陈月龙；访谈人：王加华；访谈时间：2011年5月28日；访谈地点：禹王台庙看门处。

② 被访谈人：张为芳；访谈人：王加华；访谈时间：2011年5月27日；访谈地点：禹王台庙看门处。

相比之下，其他村庄的村民有事所求时才会前来，或为求子，或为治病。应验之后，再择日前来烧香还愿。[①] 按禹王台庙看门人陈月龙的说法，每月初一、十五外，平均每天总会有一二十人前来。这些人可大体分为三类：一是前来敬拜神灵或烧香还愿者，这类人最多，时间通常是在上午，下午来的极少；二是纯粹前来参观者，闻禹王台之胜境与灵验之名，路过此地顺便过来看看；三是找弘耀道长看病者。总体而言，后两类人数较少，前来的时间也不限于上午。[②] 平日前来者，除还愿场合外，通常所带物品都极为简单，一叠黄表纸或冥币、一束香、几个瓜果或一些点心（如雪饼、蛋黄派等）；仪式也极简便，摆好供品，燃香烧纸，再磕几个头即告完事。有意思的是，当地还有一种专门供奉禹王台诸神灵的冥币，面值是"十亿"，上面绘有禹王与老三哥神像，另外还有"仙姑桃花姐姐"及"土地二哥玉惠哥"等字样。

平日除来禹王台直接敬拜神灵外，还有来台上求取"神水""仙药"者。很长一段时间内，人们都相信狐仙洞内的神水具有治疗疾病的功效，一时家中有病人的人家都纷纷到狐仙洞内求取神水，尤其是在20世纪60年代初较盛行。最近几年，求取神水的活动已很少见到。

此外，人们还相信禹王台上的一草一木由于沾染了狐仙的灵气而具有治病之功效。如在台东边本来有一棵名为"车梁木"（音）的树，结一种绿豆般大小的果实，民众信其能治百病，结果这棵树的树皮都被信众扒光了。很多来上香的，也会顺便从台上拔点草回家。据村民说，曾经有两位女性专程从青岛开车来禹王台上挖取一种被当地人称为"咪溜串"（音）的野草，回家给母亲泡水治病。[③] 另外，还有一种崇信活动是到禹王台挖取少量泥土涂抹灶台，认为这样可以沾染狐仙的神气而有利于全家平安与健康。不过出于

---

① 2011年5月28日上午，五个来自山东寿光侯镇岔河村（距离禹王台约12公里）的村民专程到老三哥庙烧香还愿，"老三哥真的挺灵验"。他们开来一辆轻型卡车，带来满满两大袋金银箔、一件红袍及黄表纸、高香、鸡鱼等供品，另外还有碗盘及方桌一张、马扎两把。可惜的是，他们并未告知我们所许为何愿，也不允许我们跟随观看。

② 被访谈人：陈月龙；访谈人：王加华；访谈时间：2011年5月28日；访谈地点：禹王台庙看门处。

③ 按禹王庙看门人陈月龙的说法，她们之所以前来禹王台，颇有些神奇色彩：由于母亲久病不愈，两人甚是心急。有天晚上两人做了同样的梦，梦中有人告诉她们，从青岛一直往西走，有一个大土台子，上面的一种草能治她们母亲的病。按梦中人的指点，两姐妹就开车一直往西走，结果到寒亭境内果真见到了禹王台这样一个大土台子，并真的在上面找到了梦中人说的那种草。

对狐仙的敬畏，土只能少量挖取，毕竟禹王台是狐仙之府邸，充满神圣性，过量取用会因毁其家宅而遭到惩戒。有意思的是，“文化大革命”时期，村民却不再惧怕狐仙的威名而纷纷到台周边挖土造田或运回家中垫猪圈。禹王台的神圣性为实际功用性所代替。

冥币（王加华摄）

凡有神灵崇拜的地方，通常就会有人充当神灵与普通人沟通交流的中介。这类人在禹王台当地被称为“香头”。人们通过香头向神灵表达宿愿，神灵通过香头来向普通人传达其旨意。在当地，成为香头被称为“安上桌子”，通常都是中老年妇女，每村总会有那么一两个。如在禹王台村就有三个顶狐仙的香头，其中一个姓王，一个姓陈，均为60多岁的女性，还有一位是比较年轻的刘姓香头。其中王姓香头名气更大，其原本在寿光就是香头，后改嫁到禹王台村。由于原先的信众不断前来，从而逐渐扩大了其在禹王台村及周边村落的名声。

相比于普通村民，平日里香头对狐仙的祭拜行为要频繁得多。除每年正月十六、三月三、九月九，顶狐仙的香头们会到禹王台祭拜狐仙外，通常家里还供奉有狐仙画像或塑像，每日三餐前都会在神像前摆好碗筷让其先行享用。每月初一、十五这些日子，香头们更是要在家中摆供，主要是各种水果、馒头、蔬菜等，荤菜很少。但也有少数香头笃信“天井如大庙”，任何时候都在家中祭拜，认为不管在哪里，只要虔心祭拜，就都会得到狐仙的庇佑。平日里香头的另一项主要活动就是为普通村民治病救灾。据村民访谈，20

世纪90年代以前，如果有小病小灾或身体不舒服，许多村民首先想到的就是请本村香头来看看。香头先在狐仙神像前摆好供品，然后再轻声念拜，狐仙便可附身了。不同的香头所顶狐仙并不相同，有的是老三哥，有的则是绪同哥或玉惠哥。香头各有各的信仰方式，互相之间很少交流或者统一行动，所谓"一根佛堂一根线"，即同顶一位狐仙的多位香头，一人狐仙附身后其他香头并不会有任何反应。

禹王台庙会时，更是有大量香头云集于此。来赶庙会的香头，有当地的，也有外地的；有以顶狐仙为主的，也有顶其他神灵的。在庙内神像前，往往能看到这样的景象：在人群中，很明显地，香头的仪式行为很专业、很讲究，于是很多人会前来询问各神的功能及相关操作仪式，而且有的香头看到不对的行为会严肃、主动地上前阻止，大多数人会很以为然。与在神像前的肃穆相比，庙外的氛围略显轻松。香客们，尤其是各色生活失意者、种种处于非正常状态的求助者，虔诚地请香头看自家香的燃势，并聆听香头的指点与评说。还有的香头在进行完仪式后会借机宣扬自己的本事，或独自一人，或三五成群，唱经念佛。而且，他们很乐意接受别人的访谈，包括我们这些外来调查者。随着围观人数的增多及拍照、录像等，他们会表现出更大的激情，并且每人随身带有名片，非常积极地向外人宣传自己的本领。

与庙内的大肆宣扬相比，在庙外的摆摊看病更是一种实实在在的宣传。禹王台庙会上，专门有一条街是供香头们摆摊的场所。他们大多在地上铺一块布或一张硬纸板，上面写着自己的业务内容。看事或看病的人得拿着一盒没有开封的香烟，这是因为香头主要是通过香烟燃烧的烟灰的颜色及形状来看事或看病，先是正常对话，然后再进行"落功"，对于不一样的事，选择不同的神灵落功。基本过程是：在正常聊天的情况下，突然开始打哈欠，这说明神仙就要来了，这时就会点上烟，边抽烟，边打哈欠；连续打几个哈欠之后，就开始唱了，边唱边与人交流，最后达成协议；再打几个哈欠，此时烟也抽完了，神仙也就"回宫"了。香头在开始"落功"和"回宫"时，表情都很痛苦。结束之后，除了香烟留下之外，还要付至少20元的费用，这叫"不算空卦"。2012年禹王台正月十六庙会上，由于天气比较冷，以"不仅我们受罪，神仙们也很受罪"为由，香头们把最低费用提高到了30元。另外，庙会上还有许多专门为人看手相、求签算命的，生意也都非常火爆。

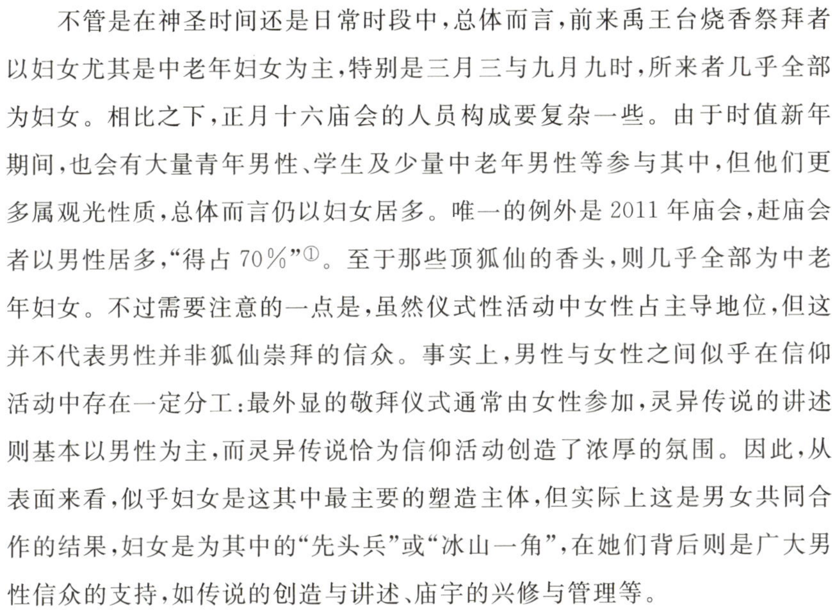

不管是在神圣时间还是日常时段中，总体而言，前来禹王台烧香祭拜者以妇女尤其是中老年妇女为主，特别是三月三与九月九时，所来者几乎全部为妇女。相比之下，正月十六庙会的人员构成要复杂一些。由于时值新年期间，也会有大量青年男性、学生及少量中老年男性等参与其中，但他们更多属观光性质，总体而言仍以妇女居多。唯一的例外是2011年庙会，赶庙会者以男性居多，“得占70%”[①]。至于那些顶狐仙的香头，则几乎全部为中老年妇女。不过需要注意的一点是，虽然仪式性活动中女性占主导地位，但这并不代表男性并非狐仙崇拜的信众。事实上，男性与女性之间似乎在信仰活动中存在一定分工：最外显的敬拜仪式通常由女性参加，灵异传说的讲述则基本以男性为主，而灵异传说恰为信仰活动创造了浓厚的氛围。因此，从表面来看，似乎妇女是这其中最主要的塑造主体，但实际上这是男女共同合作的结果，妇女是为其中的“先头兵”或“冰山一角”，在她们背后则是广大男性信众的支持，如传说的创造与讲述、庙宇的兴修与管理等。

总之，禹王台村及周边村落中，人们对狐仙都极为崇信，对狐仙总是毕恭毕敬，不敢轻易说狐仙的坏话。但与此同时，禹王台及其周边村落却曾有非常兴盛的狐狸养殖业。人工饲养狐狸在于获取毛皮。而要获取毛皮，就必须要将狐狸杀掉，从崇奉狐仙的角度来说，杀狐狸是万万不能做的。不过，在禹王台村村民心中，并不是所有的狐狸都是狐仙。村民认为，真正的狐仙必须是野生而非人工饲养的，雄性，毛发为红色，即“火狐狸”。而人们常见的雌性、毛发灰白的“草狐狸”则不被视为狐仙，人们伤害到它也不会受到任何报复或惩罚。而村民对于冯道长在禹王台上养狐狸来冒充狐仙一事，很是不屑。面对外来者，冯道长大肆宣扬这些“狐仙”的神迹，如神出鬼没、遇狗无畏等，而且将香客与这些“狐仙”的相遇吹捧为难得一遇的缘分。[②]对此，村民却鄙夷地揭露道：“那些胖成那样的算是什么狐仙啊，别听他胡说，那都是养狐狸的人放生的。”果然，假的终究冒充不了真的，那些放生在台上的狐狸由于不适应野生环境而陆续死亡了。

---

① 被访谈人：陈月龙；访谈人：王加华；访谈时间：2011年5月27日；访谈地点：禹王台庙门口。

② 2011年5月27日中午，调查组曾在台上老三哥庙处见一白色狐狸。弘耀道长即向我们宣扬说，这是我们的缘分，是“狐仙出来接见你们了”。

三、庙宇承包及其影响

1991年，肖家营乡政府成立了禹王台庙筹建委员会，具体负责重建禹王庙。1992年，禹王庙(包括老三哥庙)正式建成后，随即被置于乡政府管辖之下，成立了一个由六人组成的禹王台庙管委会，专门购买了写字台、连椅、靠背椅及各种生活用品等，在禹王台现场办公(地点即为现在禹王台门房)。其成员均为各村退下来的村领导，每人月工资100元。为弥补建房所花费用及维持管委会的正常运转，乡政府决定对所有前来烧香祭拜者收取2元的门票，尤其是正月十六庙会期间。对禹王台村村民，平日不收取费用，庙会期间则每人发放门票一张。1995年，因效益不理想且开支颇大，乡政府不再直接经营禹王台，而转为个人承包。经过招标，禹王台村陈汉阳、陈少先、陈邦友三人最终获得承包权，每年承包费16000元。此三人均为建筑包工头，之所以获得最终承包权，主要是因乡政府亏欠他们建设款项，于是就以免交承包费的方式来抵销。三人承包后，门票由2元涨到3元，但仍旧延续对禹王台村村民免费的传统。承包期间，他们新建了台周边围墙，并用花砖铺设了庙门前的路面，也曾试图多搞点建设(指建庙)，但区政府不允许，致使有座庙建到一半又被迫停工并拆除。在承包的前几年，禹王台也曾一度香火鼎盛。但2000年，受当时禁庙、拆庙风波的影响，禹王台风光不再，加之洞顶坍塌、庙会拥挤，时常有伤人风险，而乡政府所欠三人建设款项也已被承包费全部抵销，于是从2002年起三人不再承包。此后，禹王台又被同村的陈月文承包，因效益不理想，承包费降为每年1万元，至于门票，则仍旧维持3元的标准。此后，禹王台庙一直不温不火，甚或大为萧条，致使台上杂草丛生，四周垃圾遍地，庙宇建设更是再未进行。

虽然从1992年起，禹王台即逐步开始“私有化”进程，但真正对禹王台狐仙信仰产生重大影响的却是2009年以后。2009年10月，弘耀道长第一次来到禹王台，11月即与高里镇政府签署了禹王台承包合同，具体承包期限为20年，每年承包费3万元，门票则由3元提高到5元，如今更是涨到了10元钱。

收费公告（王加华摄）

此后，弘耀道长在禹王台进行了一系列工程建设，使禹王台信仰格局发生了重大变化，并进而对民众信仰方式与观念产生了重要影响。这种影响，具体来说主要表现在两个方面：

一是仪式场所的改变，即越来越多的人由上台祭拜转变为在家中祭拜，而这在正月十六庙会之外的其他神圣时间及日常时段内表现得最为明显。造成这一现象的最主要原因是门票的收取。由于禹王台被私人承包，禹王台村之外的村民上台即要收取门票，虽然只有几元到十几元钱，但考虑到此地为农村，信众群体又以中老年妇女为主，而她们通常都收入微薄或根本无任何收入，所以看似微不足道的门票钱却将很多人挡在了庙门之外，从而使得敬拜之地由台上转移到了家中或村中街道路口。在她们看来，敬神如神在，只要心诚，在哪儿都一样，不一定非要亲自到仙人面前。对这种收取门票的行为，很多人都颇有微词。值得注意的是，虽然收取门票的做法并非由弘耀道长始行，但他所承受的批评却最多。2010 年正月十五晚上的一场大雪，导致十六这天进香之人寥寥无几，对此许多村民都有点幸灾乐祸，认为这是狐仙爷对弘耀道长只想“赚大钱”行为的惩罚。

二是神灵的增加及其对本有神灵信仰的冲击。诸多新建的庙宇与新增加的神灵，一开始并不被当地人尤其是禹王台村人所认同：

> 他现在建的庙，有些就是不适应咱当地这个习惯，就是神话传说也没这个事啊，信仰里不高。很多老百姓说，这是个什么神啊？不知道。主要的还是那三个庙，第一是老三哥庙，其次是仙姑庙，然后是禹王庙。

他又建了这些庙,没大有信仰的。[①]

对此,很多信众尤其是禹王台村信众采取了抵制行为。一般俺这个庄里,烧香就拿三管子香,就烧烧仙姑庙、禹王庙、老三哥庙这三个庙,其他的就不烧了。”[②]而在这些新建庙宇中,最为周边民众所不解、不满的是胡三太爷庙。在当地民众看来,禹王台已有专门供奉狐仙的庙宇——老三哥庙,因此再建一个胡三太爷庙根本没必要,因胡三太爷与老三哥为同一人,都是狐仙,只是称呼不同而已。[③] 不过虽然有信众抵制,但由于传统中国民间信仰并没有真正的门户之见,因此胡三太爷庙也很快吸引了一些民众(多是禹王台村之外的民众)的香火与敬拜,只是在他们心目中,更多的还是将胡三太爷作为与老三哥一样的狐仙来看待。

随着时间的推移,弘耀道长新修建之庙宇及供奉之神灵,如财神等,开始逐渐为周边民众所接受,这不可避免地会对原先以狐仙信仰为主的信仰格局产生冲击。以2012年庙会为例,就各庙香火而言,除老三哥庙一如既往地兴旺外,财神庙、胡三太爷庙香火亦都十分兴旺,只有北斗庙、城隍庙相对冷清。一方面,传统中国民间信仰的逻辑是有神即拜,并不局限于单一神灵;另一方面,这在一定程度上也与庙宇承包人弘耀道长逐渐融入地方社会有关。承包之初,弘耀道长与附近村民产生了诸多矛盾,因此人们对新修庙宇进行抵制,很大程度上是源于对弘耀道长的抵制。但随着弘耀道长逐渐融入当地村落生活,如出钱帮村里整修道路、免费为村民拔罐治病、时常出车为村民服务等等,弘耀道长的神灵体系与观念逐渐被部分村民接受,这在对待胡三太爷这一神灵上体现得最为明显。在当地民众观念中,胡三太爷与老三哥为同一人。对此,弘耀道长并不认同,认为胡三太爷才是真正的狐仙(元始天尊的徒弟),老三哥其实只是一个被狐仙附体的凡人,因此法力自然也就无法与胡三太爷相比。对此,当地民众虽一开始不解并抵制,但如今

---

① 被访谈人:陈邦友;访谈人:王加华;访谈时间:2011年5月28日;访谈地点:禹王台村村委会。

② 被访谈人:朱振云;访谈人:王加华;访谈时间:2011年5月28日;访谈地点:禹王台庙前街道。

③ “听原来老人讲,外面的叫胡三太爷,俺这里叫他老三哥。最近来了个包台的,是东北黑龙江来的,说老三哥和胡三太爷不是一个人,但俺这里从来说的就是同一个人么。就说这个胡三太爷就是皮狐子,也就是老三哥。”被访谈人:陈发源;访谈人:王加华、张宇;访谈时间:2010年6月17日;访谈地点:禹王台村陈发源家。

越来越多的人开始接受这一说法。一些村民认为，弘耀道长来头大、懂得多，又是正规“科班出身”，因此说法也就更具权威，非那些土生土长的香头所能比。如有村民在谈到胡三太爷这一称呼时就说：“自打弘耀道长来建了这个庙，这才……人家弘耀道长掌握的材料很多很多，人家书籍也多。”[①]不过，纵然一些村民逐步接受了弘耀道长的做法与理念，但限于各方面的观念与利益纠葛，弘耀道长与村民之间的矛盾却并未消除，甚至呈愈演愈烈之势，这最终导致了2016年其因违规建设而被村民告发、被迫离开禹王台的结局（详见本书第五章）。

胡三太爷庙（王加华摄）

① 被访谈人：陈月龙；访谈人：王加华；访谈时间：2011年5月27日；访谈地点：禹王台庙门口。

第四章 节日与仪礼

仪礼是人类社会生活的一个重要组成部分，其主要目的在于规范人与人之间的关系、行为与社会秩序。我国是一个对仪礼规范极为重视的国家，早在西周时期，就产生了一套繁琐的礼仪规范与制度。虽然这些礼仪制度最初主要是针对贵族阶层而言的，但在长期的历史发展过程中，这些仪礼规范亦逐渐在民间推广普及并成为民间习俗的重要组成部分，体现出一个自上而下、自下而上的“礼”“俗”互动过程。在民间，这些仪礼规范可以说体现在社会生活的方方面面，如婚丧嫁娶等人生仪礼活动，而集祭祀、娱乐与社会交往等诸多面向于一体的节日，亦是仪礼展演的重要时刻。下面，本章将对禹王台村的岁时节日与人生仪礼作简要介绍。

一、岁时节日

传统节日是中华传统文化的重要组成部分，在长期的历史发展过程中，我国形成了一套富有特色的传统节日体系。“节日”之“节”，其本意为“竹节”，后引申为“动物骨骼的连接之处”。而将“节”与“日”相连，就是将一年中的时日分为不同的段落或阶段，所以所谓“节日”，也就是时间的“节点”，具有周期性、循环性等特点。因此，节日是传统民众年度时间生活中的重要“节点”。一年之中，节日庆典及其相关仪式有规则地穿插于民众日常生活之中。在这些特殊的日子里，人们会进行祖先祭祀、亲戚交往、文娱活动等各种社会活动，并且还会吃某种特定的食物。

与每个地方的自然、历史、文化等相适应，节日总是具有一定的地方特色，对禹王台村而言亦同样如此。所谓“一地一个风俗，禹王台南面和禹王台北面就不一样，隔了 12 里路就两个样”[①]。具体而言，禹王台村的主要节日有春节、正月十五、二月二、三月三、寒食(清明)、六月六、七月七、七月二十二、八月十五、九月九、十月一、小年等。

(一)过年

过年，即春节，是禹王台当地人对春节的俗称。作为中华民族最大、最为主要的传统节日，春节实际上由多个节日时段组成，笼统言之，小年、除夕、初一、元宵节等都是春节的组成部分。在禹王台村，人们也同样持有此种观念。

在村民的观念中，小年是一年之中的一个重要日子，从这天开始，春节也就开始了，所谓“过节从腊月二十三开始”[②]。只是，如今人们对于小年这个日子并不是太重视，通常仅仅是在这天吃顿饺子(当地又称“扁食”)而已，“对小年不重视，有空的愿意拾掇就拾掇家里”[③]，整体来说节日氛围比较淡薄。

以前，腊月二十三这天最主要的节日习俗是辞灶。家家户户都贴灶王像，人们认为灶王是一家之主，对此，灶王像两边有副对联说：“盖世上一家之主，普天下万户之尊。”灶王像贴在做饭的屋子里，通常贴在锅头的上面。腊月二十三这天晚上，人们会在灶王爷像前置供桌，上摆三样供品，即饺子、糖瓜、凉水，此外还要上三炷香。糖瓜是用麦芽糖做的，非常黏。三样供品一般会象征性地拿到灶王爷面前比划比划，意为请灶王爷享用，村民将这一过程称为“供养”。供养过后就将灶王爷画像揭下来烧掉，意为送灶王爷上

① 被访谈人：陈发源；访谈人：李生柱；访谈时间：2011 年 5 月 27 日；访谈地点：禹王台村陈发源家。

② 被访谈人：陈发源；访谈人：李生柱；访谈时间：2011 年 5 月 27 日；访谈地点：禹王台村陈发源家。

③ 被访谈人：陈秀梅，女，1954 年出生，禹王台村村民；访谈人：赵容；访谈时间：2011 年 5 月 28 日；访谈地点：禹王台村村委会。

天，烧的同时一般会念叨这样一句话：“灶王爷，灶妈妈，一年一当家，上天言好事，下地带吉祥。”旧时，辞灶还会用到灶马，即用麦秸秆扎成马的形状，同灶王爷画像一起烧掉，意为灶王爷骑马上天，现在则基本不见灶马了。如今，随着人们生活水平的日益提高，绝大部分村民都搬入了新居，越来越多的人家连灶王爷像也不再贴了，相应的也就没有什么辞灶的习俗了。

灶王爷(王加华摄)

> 现在都搬了新屋子，都不怎么贴灶王像了，贴了也看不见，不像以前贴上对联、过门笺，灶王在中间都能看见。我来这20年了都没贴过。[①]

小年是正式开始准备忙年的日子，此后年的氛围日渐浓厚。自这天始，直到除夕之前的一段时间，人们最主要的活动就是忙年，即准备各种过年的用品，如赶集购买各种年货、蒸糕、煮肉、炸制食品、打扫庭院等。蒸糕通常在腊月二十五六进行，用熟面蒸，糕上会放很多枣，主要供过年时祭祀之用。腊月二十九(小尽年是二十八)包饺子。此外，当地还流传着这样一个习俗：从小年之后，一直到过年之前的这段时间，出嫁的闺女就不能再回娘家了。如果要在过年前孝敬父母，如送年货或钱等，则由女婿或外孙、外孙女来送，总之闺女不能进门，否则会给娘家带来不祥。只是，如今严格遵守这一习俗的人家已基本没有了。

大年三十是一个比较忙碌的日子，这天有很多活动要进行。下午要贴春联(当地俗称“对子”)、过门笺和灶王像。过去还贴门神，贴门神时嘴中还会念叨“大鬼小鬼别进来”之类的话语。民众认为门神可以将一切妖魔鬼怪阻挡于门外，从而护佑家中平安。年三十对村民来说是个辞旧迎新的日子，也是一个尊祖敬神的时刻。这天下午，禹王台村的妇女们会带着供品和纸

---

① 被访谈人：陈秀梅；访谈人：赵容；访谈时间：2011年5月28日；访谈地点：禹王台村村委会。

过门笺(王加华摄)

叠的元宝到禹王台烧香祭拜。“就是求他们保佑发财、日子过得顺利之类的!”[①]此外,这天下午的重要仪式活动还有上坟与请家堂。上坟,即到坟地去烧纸、放鞭炮等,通常“弟兄几个一起去。带着纸、香、水饺、过年炸的鱼啊肉啊什么的,带着鞭炮”[②]。请家堂,即整个大家族的后辈,请过世的祖先回家过年的仪式。上坟与请家堂的不同之处在于,上坟是小家庭的行为,而请家堂是家族行为,通常是由一个家族分支共同进行。祖先被请回来后,挂上家堂轴子,并摆上供品,还要磕头。同华北地区的大部分村落一样,家堂就是指的家堂轴子,长 2 米多,宽 1.5 米,上有一个个方格,去世先人的名字就写在这一个个方格之中。写名字是有讲究的,一般不超过十五六岁夭折而死的男子,是不会被写入家堂的。此外,女子的名字也可以写上,一般都尾随其丈夫名字之后,用“××氏”代替。一般一个大家庭只有一个家堂,供在长房长支家,其他不供家堂者则供财神。财神有文、武之分,在当地,武财神是指关公;文财神有的说是比干,也有的说是赵公明。总体来说供武财神的多,供文财神的少,一般做生意的人家多供武财神。只是,如今挂家堂的人

① 被访谈人:陈秀梅;访谈人:赵容;访谈时间:2011 年 5 月 28 日;访谈地点:禹王台村村委会。

② 被访谈人:陈洪起;访谈人:杨文文;访谈时间:2010 年 6 月 17 日;访谈地点:禹王台村村委会。

家很少了，也基本不再磕头了。如村民说：

> 咱们这挂轴子的很少，现在不磕（头）了。我在平度的时候一个村子有很多家庙，有王氏家庙、李氏家庙等。咱这里很少，就连姓陈的这么大个家户也没有。[①]

供家堂的供桌安排极为讲究（不过并非每家每户都完全按这一模式摆放）。菜品一般供五盘或九盘，呈花朵状摆在供桌中央，中间一道一定是鱼，一般用白鲢鱼、加吉鱼或鲤鱼，不图好吃，只图名字吉利。鱼的摆放也有讲究，要求“头朝东海，鱼肚子朝北”。鱼的周围均匀摆放其他四样或八样菜，菜品则无讲究，鸡、肉、水果或其他菜肴皆可，有时为了好看，也会装饰上菠菜、红枣等。除了菜之外，还要再供一盘饽饽，放在菜品的左侧或右侧均可，另一侧则一般会放上香，为了烧香时方便取。饽饽一般需五个，按照下面四个上面一个的规矩摆放在盘子里。供桌的前面正中摆香炉，香炉中的香一般插三炷，香炉两旁是烛台，旧时还有在烛台两侧插松枝的习俗，现在基本消失了。香炉前面是酒盅与筷子。

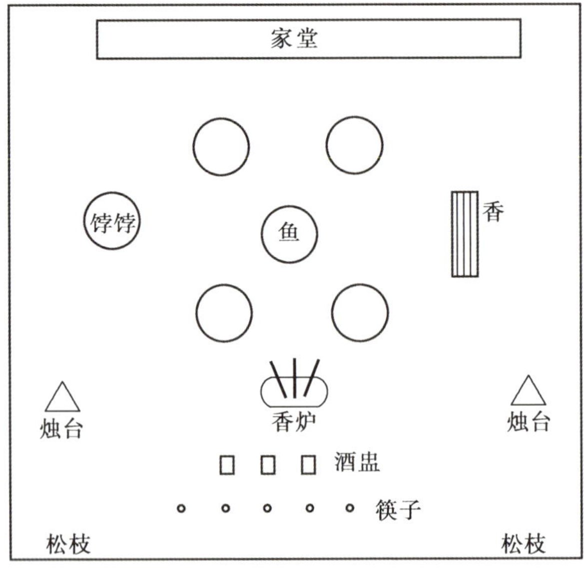

家堂供桌示意图

① 被访谈人：陈发源；访谈人：李生柱；访谈时间：2011年5月27日；访谈地点：禹王台村陈发源家。

此外，为祭拜天地神，这天还要在院子里另摆一个供桌。一般在院子的北面、窗户的旁边，桌上的供品通常比较简单，一般只有三个酒盅、三碗饺子、一个香炉。还有一个供桌设在厨房里灶台旁边，更为简易，有时候甚至用杌子充当桌子，上摆一碗饺子、一个香炉。供桌一般在年夜饭前摆放完毕，等年夜饭的饺子下出来并摆上之后，就要开始在各供桌前烧香烧纸、磕头祈福。在院子里磕头时，东南西北四个方向都要磕，磕头的同时口中还要念叨祈福的话语，如祈求家人平安、风调雨顺、招财进宝等。

祭拜完毕之后，全家围坐在一起用餐，看春节联欢晚会。如今，看春节联欢晚会已成为一个重要的习俗活动。近午夜零点时分，真正的辞旧迎新之时，家家户户开始燃放鞭炮，庆祝新年的到来。在广大村民的心目中，这一辞旧迎新的时刻才是真正的“过年”。以前，过年的时刻都要从万年历上查，一般都在寅时以前，以子时或丑时居多。那时的娱乐活动不如现在丰富，人们往往吃完年夜饭先去休息，等子时或丑时再起来。一般老人先起，起床后马上点一挂鞭炮扔出门外，为的是镇住门外的鬼祟，以此来辞旧迎新。只是如今这种观念越来越不流行，以致渐渐消失了。

用禹王台村当地话说，“三日寒食五日年”，就是说初一到初五这5天是年俗比较集中的时段。大年初一，人们通常在天未明时起床。先是女主人起床烧火，准备下饺子，并趁饺子出锅前准备好香、纸等。吃饺子之前要先烧香磕头，一般是由家中的女主人——婆婆或儿媳持香依次向北、东、南、西四个方向叩拜，拜完后将香插入香炉，再在院子里烧纸、元宝等，随后再放一挂鞭炮。回屋之后，小辈要向长辈磕头拜年。先是一家人依据先男后女、先长后幼的顺序向着家堂磕三个头，然后是儿孙向长辈磕头，长辈给儿孙压岁钱。以上程序完成之后，饺子也出锅了，一家人开始一起享用新年里的第一顿早餐。

吃过早饭，最重要的习俗活动就是拜年。家家户户打开大门迎接前来拜年的人，同时家中的晚辈也去给其他长辈拜年。一般前来拜年的都是自己本家的叔侄以及邻居好友等。随着社会的发展，现在电话拜年之风越来越兴盛，初一这天接上二三十个拜年电话在当地并不罕见。对于当地人来说（其实全国都如此），拜年不单单是一个简单的年俗，更是一个增进人与人之间感情、和谐乡邻关系的机会，平时关系不太融洽的人，在初一这天互相

道一声"过年好",所有的误会与摩擦就都烟消云散了。拜年,用当地的话说就是一个家族里的"轧伙着去磕头"。"进去有爷爷就问'爷爷过年好',有妈妈(奶奶)的叫'妈妈过年好,我给你磕头啊'。"[①]总之,拜年特别凸显家族的观念。按传统习俗,一个家族中的子孙都要集体行动,人再多也不能分开,只是如今这一规矩已越来越没有人严格遵守了。

初一下午,送家堂,即将请回家中过年的祖先们送走。送家堂要到坟上进行,离家之前要先在家堂前供上饺子,烧香磕头,之后就可以把家堂收起来了。到了坟上之后仍要烧香磕头,口中念叨"请老爷老妈好走,保佑家人平安"之类的祈福语。此后,从初二一直到初五,人们最主要的社会活动就是走亲戚。其中,初二是走姥娘家的日子;初三是走丈人家的日子;初四、初五则是走姑家、姨家的日子。走亲戚的时间顺序和亲属关系的亲疏程度是相关联的,一般不能打乱。当然,这一日期安排也并非是绝对的,具体也会因不同的家庭情况而稍作改变。有的家庭亲戚多,初五之前走不完,也可以初五之后再走,并不局限于"五日年"的说法。

正月十五元宵节,当地俗称"正月十五",村民会吃点元宵和水饺。这天,村里有扭秧歌的活动,过去还有舞龙的。由于该村距离潍坊较近,很多人都去市里看相关表演。此外,这天的一个非常重要的习俗活动是掌灯。不过相比之下,禹王台村民更加注重的却是这天的禹王台庙会,几乎家家户户都要到禹王台上烧香拜老三哥,发喜钱,烧送元宝和黄表纸,给老三哥送水饺。旧时,在正月十五这天,当地还有"吃巧巧饭""量月影"等习俗活动。"吃巧巧饭",即在正月十五这天傍晚,15岁以下的孩子,尤其是女孩子就会三五成群地聚集在一起,手里拿一只碗或罐,挨家挨户去讨米,一般以小米为主,家家都乐意给。讨来米之后,女孩子们就会聚集到一处,将米做成粥,粥里放上红枣、顶针、剪刀等。粥熟以后,女孩们挨个舀来喝,舀到顶针的就意味着心眼多,舀到绣花针意味着手巧,舀到剪刀则意味着将来要做裁缝,什么都没舀到的至少还有红枣。男孩子一般不会成群结伙,只是在自己家里由父母张罗着做,粥中所放的东西也会改成毛笔、砚台等,舀到之后就意味着有学问。由此可见,"吃巧巧饭"在当地

① 被访谈人:陈发源;访谈人:李生柱;访谈时间:2011年5月27日;访谈地点:禹王台村陈发源家。

是"乞巧"习俗的一种,同时含有教育儿童的意味。如今随着时间的流逝和社会的发展,这一习俗已经基本消失了,只有上了年纪的老人仍能回忆起儿时的情形。"量月影",即正月十五这天晚上零点左右,月亮在天空正上方的时候,村民们在院子里吊上一根市尺,用另一根尺子量市尺投在地上的阴影,量到的阴影越长,则意味着来年收成越好,否则意味着收成不好。如今,这一习俗也已消失不见。

正月十六是禹王台庙会最为重要的正日子,也是禹王台村一年之中最为热闹的日子。尤其是近两年来,随着禹王台庙会的知名度越来越高,外地的香客也越来越多,届时车根本进不了村,只能停在公路上。于是有一部分村民就趁此机会帮外地人看车,赚一点收入。"村里人有去看车的,好车要十五、二十块,不像样的车起码也要十块。看一上午,到下午烧香的就都走了。"[①]过完正月十六禹王台庙会,对禹王台村人来说,年也就正式结束了。

(二)二月二

禹王台当地俗信,二月二是土地爷生日。这一天,主要的习俗活动有吃炒豆、打囤、接媳妇等。炒豆又被称为"炒蝎子",一般选用黄豆,用糖水或盐水泡过之后再炒,有的人家也将黄豆放在油锅里炸。炒豆有甜有咸,过去多为自家制作,现在则多买现成的吃。除炒豆外,这天也会包饺子、放鞭炮、在家里发喜钱等。旧时,人们会打囤并围着房屋撒灰,此外正月二十五也会打囤,即填仓日。囤分两种,即粮囤与钱囤,其中粮囤打在院子里,钱囤打在堂屋一进门的地上。打囤的具体做法是:用铲子铲着炉灰在地上画三个圈,中间那个圈里放上粮食(粮囤)或钱(钱囤),皆用砖头压住,圈外用炉灰画上梯子的形状,寓意囤很高,粮食和钱都把囤填满了。打囤的时间是二月二这天早上吃早饭之前,通常由家中的男性家长进行,女人没有打囤的。以前老百姓种五谷杂粮时,粮囤一般打三个,都打在院子里,中间放上不同的粮食,一般是麦子、玉米和豆子。囤打好之后,忌踩踏,因此一般看到别人家打了囤,就要从边上绕着走过去。但若是一些不懂事的小孩子踩了囤,大家也不会在意。此外,一般人家还会围着自家院墙撒一圈炉灰,以此来辟邪。据说,

① 被访谈人:陈发源;访谈人:李生柱;访谈时间:2011年5月27日;访谈地点:禹王台村陈发源家。

撒灰这一举动最初是为了占地需要，后来才演变成打囤习俗。“拿起个锨，弄点灰，绕着圈撒灰，古代的时候是为了占地，撒上灰就等于宣告这是我的地盘，其他人就不能再占了，后来成了打囤了，二十五填仓日，一年两次。现在没有打囤的了。”①

玉米囤（王加华摄）

二月二之所以要打囤，主要寓意在于保护粮食。“意思就是有了囤就有粮食，有了粮食就有的吃。原先这里使的什么囤呢？是先用三湾那里的芦苇砌，砌得很大，再用高粱秸圈起来。高粱秸要一劈四下，刮去瓤，泡过后当作绳子用，好几十米长。”而如今之所以大家都不再打囤了，与囤已不再使用有直接关系。“现在都使袋子装粮食了，袋子更保险，就用不着囤了呗。原来那个囤在外面风吹雨淋，刮了苫还淋了粮食，这都装袋子里搬到屋里仓库里，就更方便了。”②

此外，旧时二月二还是媳妇回婆家的日子。当地有句民谚是：“二兄弟，牵上咱的二叫驴到二官庄叫你二嫂过二月二。”说的就是在二月二这天，哥

① 被访谈人：陈发源；访谈人：李生柱；访谈时间：2011年5月27日；访谈地点：禹王台村陈发源家。

② 被访谈人：陈洪起；访谈人：杨文文；访谈时间：2010年6月17日；访谈地点：禹王台村村委会。

哥叫弟弟去接女方回婆家，由语句中多个“二”来打趣和强调这一节日的活动内容。陈发源老人说：“我结婚的时候还有这个制度，媳妇什么时候回娘家、什么时候回婆家都是一定的，比如二月二、三月三、六月六。不像现在似的，结了婚就一直在婆家，有的不结婚都住在婆家了。”[①]

过去，禹王台上曾有一座土地庙。二月二是土地爷生日，这天村里很多人家都会专门来到台上土地庙前祭拜土地爷。“二月二，龙抬头。”这天，为防止扎龙眼，忌动针线。此外，当地有“正月不理发，否则死娘舅”的传统俗信，因此人们就借着“龙抬头”的吉祥寓意，多选择在二月二这天理发。只是，如今这些习俗已基本没有人再遵守了。总体而言，对禹王台村人来说，二月二是一个比较隆重的日子。

（三）三月三

禹王台当地俗语说：“三月三，拜神仙。”“三月三就是过神仙的节，过神仙就是早起来给他烧上香，供上供养，他路过时可以享用。”[②]这天，各路神仙都会从禹王台与村边路口经过，作为信仰主体的妇女们便会主动集合起来，到禹王台上去烧香、发喜钱，祭拜各路神仙。因此，有些村民认为，三月三其实并不是一个节日，只是一个烧香的日子而已。“三月三不是个节，就是光烧香。”[③]如今，由于年轻人都在外工作，因此三月三这天上台烧纸祭拜的主要是些老年人。同时，三月三还是村民祭祖上坟的日子。旧时，这天也是儿媳妇（通常以是否订婚为标准）回婆家的日子，有“新媳妇不过三月三，进门口就哭了天”的说法，意思是说如果儿媳妇不在婆婆家过这个节日，婆婆的儿子即自己的丈夫就会遭遇不测。

（四）寒食

在禹王台村，寒食与清明是两个分不开的节日，当地有“三日寒食五日

---

① 被访谈人：陈发源；访谈人：李生柱；访谈时间：2011 年 5 月 27 日；访谈地点：禹王台村陈发源家。

② 被访谈人：陈秀梅；访谈人：赵容；访谈时间：2011 年 5 月 28 日；访谈地点：禹王台村村委会。

③ 被访谈人：陈洪起；访谈人：杨文文；访谈时间：2010 年 6 月 17 日；访谈地点：禹王台村村委会。

年”的说法，即寒食包括3天，小寒食、大寒食、清明。其中小寒食是在冬至节气过后的第105天，所以小寒食在当地又有“一百五”（实际应该是一百零五）之称。这天后辈要到先人坟上“添土”，就是扫墓，将坟上的土翻新，除掉杂草，使坟头看起来整洁一些，好让别人一看就知道墓主是后继有人的。这一活动通常由去世之人的儿子进行。第105天过后的第二天即是大寒食，又被称为“开明日”。这一天是正式上坟的日子，并且要在坟头上压上新纸，同样也是代表后继有人的意思。这天，出嫁的女儿都要回娘家给去世的父母上坟。上坟具体由女性进行，即儿媳妇与已出嫁的女儿，未出嫁的女儿则不能去。对此，当地有句俗谚说：“一百五，闺女上坟儿添土。”按习俗规制，出嫁的女儿可以在大寒食这天之前来上坟，但不能拖后，若实在来不了，就只能由儿媳去上坟。第三天是清明，那些因种种原因没来得及上坟的人家，这天也可以去上坟。

在过去，寒食期间，村民要吃三天冷饭，之所以如此，是为了纪念被火烧死的介子推。现在虽然不吃冷饭了，但在饮食上仍保留有当时的痕迹：这天一般要赶饼、吃鸡蛋、喝秫秫煮的粥，都是冷了之后易于保存的饭食。“弄上小麦、豇豆、绿豆、小米、大米，熬点饭喝，煮个鸡蛋吃。一般是早上吃。”①

（五）端午

在当地，称阴历五月初一为“小端午”，五月初五为“大端午”。小端午那天没有什么活动；大端午则要吃粽子，一些人家会自己用黍米包粽子，在门上插祈福辟邪的艾草，当地称为“插艾子”。此外，当地还流传着“吃了端午粽，就把棉袄放”的说法。这主要是对于老人而言的，因老人体弱，端午之前，不管天气变得多么暖和，都不敢轻易地把棉袄脱下来；端午过后，天气渐渐转暖，即使稍有反复，也不会冷到穿棉袄的地步了，老人们就可以放心地把棉袄束之高阁了。不过，对当地人来说，端午并非是一个重要的节日，事实上很多人家并不过此节。

① 被访谈人：陈洪起；访谈人：杨文文；访谈时间：2010年6月17日；访谈地点：禹王台村村委会。

端午节村民供奉给狐仙的鸡蛋与粽子(王加华摄)

(六)六月六

旧时,六月六是媳妇回婆家的日子。当地有句俗谚说:"媳妇不过八月六,死她婆婆的连心肉。""连心肉"即婆婆的儿子。不过,时至今日,这一节日习俗已发生了些许变化。与旧时所不同的是,现在都是在订婚后结婚前,准婆婆买上礼品去看望未过门的媳妇。如村民说:

> 大西瓜至少买四个,买俩都不像样,小的也不像样……不光买西瓜,还得买衣裳,褂子、裤子得买上两件送去,现在订婚后都赶紧结婚,要不一年好几季都得去看。过去订了婚十来年还不结婚,现在不行了。你不去看不行,去看就得拿东西。[①]

因此,为了省钱,通常订婚后都要尽快结婚,从而减少去看媳妇的花销。[②] 习俗之所以会发生这种变化,村民说与娶媳妇难有直接的关系。

六月六还是祭祖上坟的日子。不过,据村民访谈得知,这一习俗并非自

---

① 被访谈人:陈发源;访谈人:李生柱;访谈时间:2011年5月27日;访谈地点:禹王台村陈发源家。

② 除了六月六,如今当地婆婆看望准儿媳的日子还有八月十五、过年期间等。其中过年期间看媳妇的日子,通常为腊月十八、二十或二十二,而二十四或二十六就有点晚了。

古有之，而是“文化大革命”以后才兴起的新习俗。

另外，旧时六月六期间当地还有“送新”的习俗。一般六月六前后，新麦子就都打下来了，村民们将新麦子磨了面蒸包子，给亲朋好友送去尝尝鲜。一方面，送新表达了农民丰收之后的喜悦，体现了“民以食为天”的传统农耕文化；另一方面，送新又是一个增进情感的好机会，晚辈借此机会孝敬老人，同辈之间借此机会加强联系。由此，在丰收的喜悦中，人与人之间的关系也变得其乐融融。

（七）七月七

七月七是牛郎、织女相会的日子，村民有当天晚上在院子里听牛郎织女说悄悄话的习俗，在饮食上则并无特别之处。当地流传的牛郎织女传说与山东大部分地区无异，但对七月七这天经常下雨的现象，村民的解释有独到之处：牛郎织女一年见一次，七月七这天，织女到了婆婆家，婆婆留了一年的活让她做，织女做不完，只能愁得哭。而且，关于织女受婆婆压迫的情形，当地还流传着一长串顺口溜，但是很多人已经说不上来了，只在上了年纪的老人口中还残存着一些片段，如“七双袜子八双鞋”“手拿××，脚踩箩，头顶着笸箩筛芝麻”等。总而言之，七月初七并不是一个非常重要的节日。“那是牛郎织女会面的日子，我们不怎么过。”通常，过此节的主要是一些未出嫁的年轻女子，“光闺女参加，媳妇不参加”[①]。

（八）七月二十二

在很多地方，七月二十二只是一个非常普通的日子，但在禹王台村所在的寒亭或者说潍坊地区，却是一个非常重要的日子。俗传这天是财神爷的生日，做生意的人家都会供奉财神爷，故而七月二十二又被称为“财神节”。

潍坊地区之所以会形成财神节，与潍坊的商业发展有紧密的关系。明清以来，潍县就是山东重要的商业城市，有“若论五都兼百货，潍县自古甲青齐”之说。因此，潍坊过财神节的习俗由来已久，相传康熙年间即已存在，到民国时期更趋兴盛。民国《潍县志稿》卷十四《风俗》记载：“七月二十二日谓

① 被访谈人：陈秀梅；访谈人：赵容；访谈时间：2011 年 5 月 28 日；访谈地点：禹王台村村委会。

为财神生日，各商家无论巨贾小贩，皆设祭供神，饱恣饮啖……相沿已久，至今不绝。”以前，每到七月二十二这天，做生意的人家都要供奉财神爷，并由掌柜出资宴请手下的工人。宴席一般在晚上进行，席上有封给每个人的红包，红包的丰厚程度皆一视同仁，但是不同人家会有不同。一般在其乐融融的宴席结束之后，工人才会拆开红包看。有的人家给的红包厚实，工人马上就要说些喜庆话以表达感谢，如“掌柜的今年发大财”等；而有的人家给的红包内并没有多少钱，工人就会一言不发，心里可能早已把老板骂了千万遍。宴席过后，每个人都要去财神爷跟前上香磕头，以祈求来年发大财。

以前，财神节是做生意人的节日，主要流行于城市地区，但近些年来，这一习俗逐渐在禹王台村等农村地区流行开来。村民认为，由于社会经济的发展，人们对发财都有了迫切的需要，于是农村也借鉴城市的做法拜神求财。“七月二十二是拜财神的节，早些时候也没有这个节，这个节兴了有20年吧，城市兴得早，农村兴得晚，几乎家家户户都请财神。”[①]这一天村民会包饺子、放鞭炮、发喜钱，在家里摆上供品，比如鸡、鱼、点心、水果等，供品要摆单数。据村民说：

> 财神节，有晚上过的，也有早上过的。早上起来，一家人包水饺吃，放鞭炮。一般就是家庭妇女在外头发个喜钱，想发财的话再烧上香，都是那种一米高的香，插不住，还得用砖倚着它。晚上供的话，睡觉的时候把供品之类的收起来就行。[②]

（九）八月十五

八月十五中秋节，是亲朋好友之间相互往来的重要日子。人们多选择在八月十五前去看望长辈、上级、领导等，所携带的礼品主要以月饼和烟酒为主，并随着生活水平的提高而日渐高档。此外，八月十五还是看出嫁闺女的日子。一般是出嫁女儿的父亲或兄弟前去，也可以是妹妹或侄儿、侄女等，带着月饼、水果等礼物，有时候也会捎带上两瓶酒。中秋节这天，家家户

① 讲述人：陈云润老伴，女，1942年出生，禹王台村村民；访谈人：赵容；访谈时间：2011年5月28日；访谈地点：禹王台村陈云润家。

② 被访谈人：陈洪起；访谈人：杨文文；访谈时间：2010年6月17日；访谈地点：禹王台村村委会。

户都要吃水饺、放鞭炮等，在外工作的儿女一般都要回家来，围着父母亲过一个团圆节，一家人围坐在一起尝美食、赏圆月，其乐融融。

(十)九月九、十月一

九月九也是禹王台庙会的日子，已有比较久远的历史。但是由于农忙，来赶会的人比较少，年轻人都忙着在外打工，都是留在村里的老人到台上去烧香祭拜。十月一是一年中必不可少的上坟的日子。但除了上坟之外，也就没有其他特别的节俗活动了。

岁时节日不只与神灵有关，其本质上更重视的还是“人事”，其中的一个重要表现，就是节日期间恰是人情往来的高峰期，比如春节、三月三、六月六、中秋节等。节日期间的人情往来，既是习俗性的，又有一定的“强制性”色彩在里面，比如年后看姥姥、舅舅。如村民说：

> 初二外甥要走姥娘家，除非你有特殊的事儿。初三要去给老丈人拜年，下雨下雪也得去……总之就是过了年你得先来看舅。[①]

另外，节日期间也是文艺表演的高峰期。禹王台村曾是一个有着浓厚文艺表演氛围的村落。早在1953年的时候，村里就成立了自己的戏班子，以京剧、吕剧等曲种为主，主要出演一些传统剧目，如《小裹脚》《李二嫂改嫁》等。“文化大革命”时期，传统剧目被禁止表演，戏班就排了现代革命样板戏，如《红灯记》《沙家浜》等。当时整个戏班子有二三十人，基本都是年轻人，男女都有。入冬农闲之后，尤其是临近过年时，戏班子便开始排练起来，以备过年与禹王台庙会时演出。庙会时，也会有外地的戏班前来表演。“文化大革命”结束后，传统剧目又恢复演出并深受人们喜爱。但20世纪80年代以后，受多种因素的影响，村里的戏班解散，农闲与节日期间的表演停止。当时，每届禹王台庙会时，村里都会请潍县京剧团前来演出，还有表演杂技的班子自己圈个场地，演出并收费。如今，禹王台村主要的艺术表演形式是扭秧歌、跳广场舞等，由村里组织进行，参加者主要是村里的一些妇女，且以中老年人为主。他们自编了些小节目，除在春节期间进行演出外，遇有结婚的人家，也会去凑凑热闹表演一番。禹王台村的秧歌演出至少在1949年之

---

① 被访谈人：陈洪起；访谈人：杨文文；访谈时间：2010年6月17日；访谈地点：禹王台村村委会。

前就已存在了。中华人民共和国成立初期，当时村里的秧歌队队长名叫陈德寿，村里很多人的秧歌表演都是跟他学习的。关于扭秧歌，2014 年，村民陈顺堂还专门编写了两首歌，并借以歌颂党、歌颂当下的美好生活：

扭呀扭呀扭，秧歌队开了头，锻炼了身体消除了忧愁。扭呀扭呀扭，我们都来扭。遇上这样的好社会，看我们多自由。大家一起扭呀扭，扭到九十九。有了党的好政策，生活有奔头。你也扭来我也扭，构建和谐社会看我们多风流。（按《九月九的酒》歌谱词）

锣鼓喧天真热闹，我们一起扭开了，扭开了。身穿红装精神爽，红绸子飞舞彩扇儿飘，红绸子飞舞彩扇儿飘。扭起秧歌心情好，锻炼身体去疲劳，忧愁烦恼都忘掉，幸福生活多美好，幸福生活多美好。你笑，我笑，大家笑，小康生活来到了。当今社会多和谐，共产党领导的就是好，共产党领导的就是好！一、二、三、四！（按《打靶归来》歌谱词）

二、人生仪礼

人生仪礼是指人在一生中几个重要环节上所经过的具有一定仪式的行为过程，主要包括诞生礼、成年礼、婚礼等。每个人之所以经历人生仪礼，决定因素不只是他本人的年龄和生理变化，更主要的是生育、家庭、宗族等社会制度对他的地位规定和角色认可，是一定文化规范对他进行人格塑造的要求。[①] 下面对禹王台村的诞生仪礼、成年礼、婚礼等仪式过程作简单描述与介绍。

（一）诞生礼

诞生礼是人一生的开端礼，但不仅仅指诞生的那个时间段，而是有一个较长时间的持续过程，大体包括求子仪式、孕期习俗、庆贺生子这三个阶段的内容，其中又以庆贺生子为整个仪式过程的最中心部分。

“不孝有三，无后为大。”在中国人的传统观念中，孩子是家庭血脉延续的关键与保证，因此能否怀孕生子是一个家庭的大事。在禹王台村，久婚不

① 参见钟敬文主编：《民俗学概论》，上海文艺出版社 1998 年版，第 156 页。

孕的妇女(或她们的婆婆),会到禹王台台顶的仙姑庙内去祭拜老仙姑以求子。她们带着香、纸等,在仙姑面前烧香磕头,祈求神灵赐子。若遂愿,生子以后,就要蒸好大馒头,炒好菜肴,带着香、纸等到神灵面前还愿,以感谢神灵的恩典。

怀孕的女性通常都是家中的重点关注对象,不仅吃好喝好,而且还不用做那些比较劳累的活计。此外,孕期的妇女还要遵守一系列的习俗禁忌,比如不能看老人出殡,以防冲撞了孩子而造成不利影响。在孩子出生(预产期)之前10天左右,孩子姥姥家的人会带着鸡蛋、鸡之类的物品来到女儿家,问问相关情况,这被称为"催生"。

20世纪80年代之前,分娩一般都是在自己家中进行,会请专门的接生婆或有经验的老年人前来帮忙。如今,分娩都是在医院中进行的,尤其是一些经济条件比较好的家庭,有的会在孩子预产期之前就早早来到医院里待产。孩子出生后,要将这一好消息通知孩子姥姥家,这被称为"报喜",通常由孩子的父亲亲自前去通知。现在一般直接打个电话就可以了。再者,如今分娩都在医院进行,若娘家不太远的话,多数时候孩子的姥姥也会前来医院陪同,如此也就不用专门通知了。

孩子出生并从医院回家后,接下来的一个重要仪式就是送粥米,又称"望月子"。送粥米的时间,男孩一般是在第5天,取"五子登科"之意,认为这样孩子会变得更聪明;而若生的是女孩,则通常在第8或第10天。如今,送粥米的日子通常要视产妇的身体状况而定,如顺产的一般恢复较快,5~8天即可,而剖腹产的则会根据情况推迟几天。邻居们都会前来送些东西以表祝贺与慰问,一般都是送鸡蛋之类的物品。亲戚们也纷纷前来,这其中最重要的是孩子姥姥即娘家人。以前,娘家人一般都送鸡,还要拿着面、油条等,再就是蔬菜、米、肉等,还要给小孩子买布做衣裳。按习俗规矩,娘家的姑、姨等是一定要参加的,当她们听说生了孩子后,便会将米、肉、鸡蛋等物品送到孩子姥姥家,再由姥姥家于送粥米这天带来。如今,人们基本不送鸡蛋、米面等物品了,通常都是直接给一定数量的现金。为便于"礼尚往来",主家会将亲朋好友所送物品或金钱的种类、数量等详细记在一张红纸上,以便将来"还回去"。另外,对前来的亲朋好友,主家要设宴招待:

> 管一顿饭,有的时候得摆好几桌。这个来送蛋,那个来送衣服,咱

要答谢人家,请人家吃顿饭。咱这里的习俗是这样。在寒亭那一带,送粥米只是娘家人来看看。等到孩子过百日的时候才摆宴席,到时亲戚朋友的、家远家近的就都去了。[①]

孩子出生后,主家一般会到祖坟去上一次坟,将孩子出生的消息告知列祖列宗,并祈求他们保佑孩子健康成长。

给孩子起名字也是一个值得注意的方面。通常,孩子出生后要起两个名字(有的在孩子出生前即已取好):一个是"小名",即乳名;一个是"大名",即学名。小名要随便一些,女孩通常是"菊""花""兰"之类的,有的则干脆不起小名,只按照排行称之为"大妮""二妮"等;男孩则通常是"果""富"之类的,为便于养活,还有的干脆起名为"狗蛋""锁柱"等。大名比较正规,且有一系列习俗规约,比如不能跟家里的长辈重名,不能犯家中长辈的讳(即不能出现与长辈名字中同音的字),五行不合的不能取,忌属相的不能取,名字一定要按照辈分字来起,等等。如今,孩子起名越来越随意,更注重的是好听、寓意好,很多已不再按辈分字取。很多年轻人更是直接到网络上查一查,选择一个好听的名字,只要不与家中长辈重名即可。

坐月子是中国传统诞生礼俗的一个重要环节,禹王台村亦是如此。在一个月的时间里,产妇大门不出,二门不迈,且不能沾凉水,不能干活,而且忌生人进入产妇与孩子的房间。通常,负责照顾月子的是产妇的婆婆,娘家人则间或过来看望一下;若婆家实在没人,才会由娘家人负责照顾。孩子出生一个月后过满月,满月的时间计算是以阴历为标准进行的。不过,在禹王台村,满月并非一个受重视的日子,并没有什么特别的庆祝活动。小孩满月之后,娘家人会挑选一个好日子,将母子二人接回去住几天,这被称为"叫满月"。第一次住姥姥家,通常比较正式,不能超过10天,此后就可以随便待而不限时日了。小孩满月之后还要剪头发。通常要找3个小女孩,以前则是7个,每个小女孩拿着剪刀,象征性地在孩子的头上剪三下,而不用真的去剪。在剪头发的过程中,小女孩要说一些祝愿孩子以后生活幸福美好的吉祥话语。接着,找一个量粮食的升,里面放上银耳环、银手镯之类的东西,小孩抱着书、拿着笔,象征小孩以后节节高升、福禄双全。然后小女孩将剪下

① 被访谈人:陈发源;访谈人:李生柱;访谈时间:2011年5月27日;访谈地点:禹王台村陈发源家。

来的头发放进升里，找一个当街的大道扔掉。不过，这主要是以前的一些老习俗了，如今的年轻人很少有遵循这些习俗规制的。

过百日（过百岁）的习俗在禹王台村并不受重视，周岁习俗亦不隆重，一般只在生日前一天擀面条、包饺子，除此之外并没有什么特殊的庆祝活动。按中国人的传统习俗，孩子出生后即算作一岁，通常在送粥米的这一天，一块给孩子过第一个生日。

（二）成年礼

成年礼是承认年轻人具有进入社会的能力和资格而举行的仪礼，通常可分为三类，即与婚礼相结合的成年礼、与幼子养育习俗相结合的成年礼、相对独立的成年礼。[①] 下面主要介绍一下禹王台村与幼子养育习俗相结合的成年礼习俗"拜干亲"与"挂锁子"。

小孩出生之后如果身体不好，当地叫"命不硬"，或者有别的情况，比如出生时多灾多难或者是养育过程比较艰辛等，就要给小孩认一个干亲，一般是干娘（干妈）。还有一种情况，那就是父母亲与子女的命五行相克。比如，父母是金命，小孩是木命，父母就会克小孩，小孩就需要拜干娘。拜了干娘（也可以是干爹，都是同样的作用）以后，就相当于把这种与生俱来的亲生父母与子女的关系给转移了。也就是说，此时的子女与父母（与他相克的那个亲人）之间，名誉上已经不再是那种亲属关系了，而是转移到了相认的干娘（干爹）身上。相认的这个干娘（干爹），必须与孩子的五行是相生的关系。若小孩是金命，那这个相认的干娘（干爹）需要为水命等等，这样才有利于小孩健康成长。这种亲属关系的转移，实际上是为了亲生父母与子女之间不再相克，而是相生，只不过是通过认亲的方式来转移了。这样的话，等到开锁子的时候，相当于"重新认识了自己的亲爹亲妈"。在这个时候，才把小孩出生之时拜干亲这种亲属关系的转移又重新复位了。

为了让孩子好养，拜干亲一般都喜欢认儿女较多或贫寒的人家做干爹、干娘。当地人认为，儿女多的人家，孩子就像成群的小动物一样，容易长大。另外，贫寒的人家，小孩一般较多，又不娇贵，容易养活、长大。当然，也有两

---

① 参见钟敬文主编：《民俗学概论》，上海文艺出版社 1998 年版，第 165～167 页。

家为了增进彼此之间的感情，愿认对方儿女作干儿子、干闺女的事情。关于拜干亲的仪式，只要孩子正式向干爹、干娘磕上三个头，并改口称呼“干爹”“干娘”即算完成。若孩子幼小，特别娇贵，拜干亲时，干娘要穿一条特别肥大的红裤子，坐在炕头上，由旁人抱着孩子从裤裆里钻出来，以表示孩子是自己亲生的。然后干娘给他（她）戴上长命锁，起个乳名，以后用干爹、干娘赠送的碗筷吃饭。这寓意小孩从此成为他们的孩子，吃他们家的饭，和亲生父母不相干了；小孩也就可以借干爹、干娘的福气，顺利成长，健康长寿。另外，干娘要在前三年的每年除夕给小孩送饺子，且要求尽量是素馅，意味着素素静静、平平安安。

拜干娘有一定的时间限制，一年之中，一般都是过了年的三月三之后才可以进行，一直持续到九月九，此后就不能再进行了。以前，拜干娘时要给干娘买几尺布、两双袜子；如今则需要给干娘买几套衣服，另外再给 99 元钱。不过，干亲不一定就是实体的人，也可以是虚拟的物或神灵等，比如灶王奶奶，也有找一棵大树认作干爹的。

与拜干亲紧密结合的一项习俗是挂锁子。当地一般认为挂锁子就是把孩子“锁”起来，俗称“坐监”，认为挂锁可以让孩子“成人”。孩子的祖父母或父母希望借锁将孩子的生命牢牢锁住，因为人们认为人生来就是有罪的，让孩子坐几年“监狱”就可以免去“罪行”，阎王就可以放过孩子，孩子也就可以健康地长大成人。挂锁子的孩子一般都是家族里深受长辈喜爱的孩子，没有男孩女孩之分；还有一些多病爱哭的孩子，家里的长辈为了祈求其健康成长，也给他们挂锁子。前文提及，干亲不一定是实体的人，在挂锁子的过程中，很多孩子就认“善老妈妈”为干娘。据村里老人介绍，“善老妈妈”也就是巫婆的意思，据说她可以保佑孩子健康。还有一种说法，当地村民六月初一这天要给干娘摆供，挂锁子的孩子要给干娘磕头，就是行认干娘大礼。然后孩子的祖父母（一般都是祖母）把用红绳拴着的两枚铜钱摆在供桌上，以示“挂上了锁子”。以后每年的阴历六月初一，都要用红绳拴两枚铜钱挂在灶王奶奶或善老妈妈的画像下，一直到孩子 12 岁。

开锁子的时间，没有一定之规，有的是 12 岁开锁，也有的是 15 岁、18 岁等，还有很大一部分人是在结婚的时候开锁。无论什么时间开锁，这一仪式的举行都是与成年礼密不可分的。虽说如今成年礼已经简化甚至到了可有

可无的地步，然而开锁仪式无疑是成年礼的一个重要体现。开锁子是个非常重要的仪式，它在一个人一生中的地位不亚于结婚生子，因此亲朋好友甚至同村很多人都被邀请参加。其中最重要的是，要有一个跟挂锁子的孩子同岁同性别的孩子（“陪监的”），还要有12个不同姓氏的成年人，这12个人要有男有女（有些姓是犯忌的，不能请，如“王”谐音为“亡”）。所谓“陪监”，也就是陪着被挂锁的孩子“坐监”。当然无论“坐监”还是“陪监”，这都是人们的意念。“陪监”的孩子要陪同开锁子的孩子一起参加开锁子仪式。为了表示感谢，开锁子的这家要给“陪监”的孩子买一套新衣服。亲戚、朋友、邻居都要参加，并且要给开锁子的孩子买新衣服，以示庆祝。同村的人要给这家送12个烧饼，作为庆祝孩子成人的干粮。开锁子前要在供桌上摆设供品，一般有水果、煮熟的方肉、酒等，另在供桌上摆放香炉。12个不同姓氏的成年人出席开锁子仪式，每人开一年的锁，将12把锁一一打开，象征着孩子从“监狱”里放了出来。

在禹王台村，结婚的时候开锁子也有种种讲究。如新娘开锁子，要在上轿前开，开锁人手拿钥匙、剪刀为新人开锁，嘴里还要念喜词：

> 车到门前来，先把锁子开。锁子围着脖子转，一转金，二转银，三转幸福进家门。锁神娘娘坐莲台，今天把她请下来，锁神娘娘中间站，金童玉女站两排。金童拿着双边锁，玉女带着钥匙来，今天是个良辰日，新娘床前把锁开。先开那前心锁、后心锁、头上锁、脚下锁、左肩锁、右肩锁、七十二道迷魂锁，还有干爷干娘压着的锁。钥匙落在我的手，我给新娘把锁开，开锁恰逢吉祥日，来年生对双胞胎。剪子本是两股柴，能工巧匠做出来，今天落在我的手，我给新人把锁开。阳锁阴，阴锁阳，阴阳两锁开得强。家有千顷地，仓有储备粮，今天我把锁子开，夫妻恩爱万年长。锁子落地，大吉大利。①

据访谈，村民普遍认为开锁子是一种不可缺少的仪式，这种仪式伴随着锁子的落地以及烧掉而结束。这一仪式象征了人某种意义上的成熟懂事，而且开锁子还有一层意思，就是给那些即将成人的孩子打开智慧的锁链。据说有一个小男孩开锁子后，成绩突飞猛进，他就对妈妈说：“妈，难怪我原

① 被访谈人：陈秀梅；访谈人：赵容；访谈时间：2011年5月28日；访谈地点：禹王台村村委会。

来老考不及格，你们锁着我，我能及格吗？你看我现在开了锁子，就什么都懂啦。"这个小男孩的话一时成为大人之间的笑谈。虽然开锁子仪式各地不同，但都是为了孩子健康成长，一生顺顺利利，没有厄运。只是，如今遵循这些习俗的人已越来越少了。

（三）婚礼

婚姻是维系人类自身繁衍和社会延续的最基本制度和活动，其由一系列习俗规制组成，如订婚、迎亲等。

1949 年以前，主要是包办婚姻，婚姻大事完全由父母说了算，一直到 1949 年以后，这一习俗仍旧维持了一段时间。但 20 世纪 60 年代以后，这种情况开始逐步发生改变，年轻人取得越来越大的自主权，到今天婚姻大事基本由年轻人自己说了算。另外，1949 年以前，禹王台村还存在着童养媳现象，一些家庭条件比较差的家庭，通过买或者其他形式将小女孩养在家中，待其成年后再与自己的儿子成婚。1949 年以后，在党的政策等因素的影响下，童养媳现象逐渐消失。其他婚姻形式，如表亲婚，以前也存在，不过并不多，现在则是完全没有了。招赘婚，当地俗称"招女婿"，只有女孩而没有男孩的家庭有时就会通过这种形式为自己养老送终并繁衍后代，这种情况下所生孩子要随女方的姓氏。在禹王台村，这种情况并不多见。冥婚，当地俗称"娶死媳妇"，历史上一直存在，今天依然很多。"娶死媳妇的有很多，主要是现在车祸多，20 多岁还没有媳妇就死了，不得给他娶一个嘛！"冥婚，一如正式的活人婚姻，也需要有中间人从中说合，并且往往花费会更高："活的得花两三万，这样的得花四五万。"[①]

"父母之命，媒妁之言"，在传统婚姻的缔结过程中，媒人（媒妁）起着不可替代的作用，其多为能说会道的女性。如今，自由恋爱者越来越多，尤其是那些在外上学、工作者，但媒人仍旧在婚姻的缔结过程中扮演着非常重要的角色。自由恋爱谈成以后也要找个媒人定亲，就像一道必经手续一样。按地方习俗，男女双方经媒人介绍后第一次见面不管能不能成，男方都要给女方钱，以前给二三百块钱，现在要上千块。若男方看不中女方，女方一般

① 被访谈人：陈秀梅；访谈人：赵容；访谈时间：2011 年 5 月 28 日；访谈地点：禹王台村村委会。

不会把钱退给男方；若女方看不中男方，一般就会把钱退回。确有因为此习俗而成全姻缘之事："十几年前，有户闺女找了好几家了，没有要她的，因为她没有牙了，这是她家里的遗传病。男方母亲就不太愿意了，想把钱要回来。那个闺女不给他钱，这个事就这样成了。"①

若男女双方情投意合，就可以定下这门亲事，当地叫"传柬"，"柬"即"婚约"，有手写的，也有打印的，一式两份。现在市场上有卖的，直接填上姓名就可以。旧时传柬，男方要带着筷子（取"快子"之意）、礼品去女方家，丈人要给准女婿买个帽子，然后算个日子定亲。男方拿着钱到女方家，若拿着一万八九，女方要回给男方一两千块钱，不能将钱悉数全收。定亲必须有媒人在场，媒人进行提亲，之后到男方家吃饭，带着红线和针，线必须是长一点的，缝枕头用，讲究"千里姻缘一线牵"；并且这个线和针不能扔掉，由男方带回家等结婚的时候再缝枕头用。这一天，男方要带着一条裤子与一双袜子，或者是秋衣、秋裤等，用包袱包着，带到女方家里，代表天长地久的一对。男女双方订婚之后，有的四五年后才正式结婚，有的订婚之后紧接着结婚，当然也有不订婚就直接结婚的。男女订婚之后，逢年过节，男方都需要给女方买衣服等物品，花费不小，因此一些人家宁愿晚一些给孩子娶媳妇，或者订婚之后紧接着结婚，这样可节省很多开支。

如今，未婚先育的情况逐渐增多。一种情况是男女很早订婚，女方早早来到男方家中居住，育有孩子，达到法定结婚年龄后再登记结婚。"现在成常事了。有些媳妇成年待在婆家，不够年龄的等够了年龄再结。"另一种情况是男女在外务工，恋爱并同居，而后有了孩子。如村里有一户人家，"孩子都两岁了才结婚"②。

定亲之后、成婚之前，男方家就要挑选一个好日子到女方家去送彩礼。彩礼送之前就要讲好送多少。讲究"十铺十盖"——棉花必须备齐 100 斤，实在不够的话 80 斤亦可，总之要求必须是吉利的数字。买棉花的钱由婆婆家出，结婚时候的衣服钱也算在这里面。20 世纪 90 年代以后的一段时间，彩

① 被访谈人：陈发源；访谈人：李生柱；访谈时间：2011 年 5 月 28 日；访谈地点：禹王台村陈发源家。

② 被访谈人：陈发源；访谈人：李生柱；访谈时间：2011 年 5 月 28 日；访谈地点：禹王台村陈发源家。

礼讲究“三金一木”，即金项链、金手镯、金耳环和一辆木兰踏板摩托车，现在则主要是送钱。送彩礼的时候要一起送年命帖子。年命帖上写有根据女方的生辰、属相算出的结婚的吉日，还有诸如女人第一天梳妆面朝的方向、坐床面向的方向、找伴娘忌什么属相、过门的时间、喜房安床等内容。

婚庆司仪广告（王加华摄）

整个婚姻礼仪中最重要的就是成婚礼。在选定成婚日子的这天，女方嫁女，男方迎亲。首先是女方家发嫁，要准备好镜子、梳子等生活用品，一并给新娘子带去。此外，女方家还要准备好水壶，等新娘子出嫁那天泼水用，以应和“嫁出去的闺女，泼出去的水”这句话。男方家要迎亲，即接新娘。接新娘的时间要根据路途远近而定，远的话就要提前走，在 11 点到 12 点之间就要过门。新郎接新娘的时候，女方家的门要关上，等待新郎叫门，只有新郎给了红包，屋里的娘家人（一般都是小姨子）才会开门，进门之后新郎还要找到新娘被藏起来的鞋子。不过，村里过去并没有这个习俗，是近几年才跟外地学的。新郎到达新娘家后，不能进屋，在院子里，岳母下一碗面条给新郎吃。新郎用筷子挑两根，就算是吃了。随后，新郎将这双筷子收好带回自己家中。如今，迎亲之时更是多了一道程序：在丈人家里也像举行结婚典礼似的，照全家福，有司仪领着新郎认识丈人、丈母娘、哥哥、嫂子、姐姐的，并鞠躬行礼，这一套程序结束后才上婚车。上车时，新娘的脸朝向哪个方向是有一定规矩的，有的朝向东南，有的朝向西南，有的则朝向东北，具体的方向是根据新娘的生辰八字测算出来的。

新娘家要有专门的人将其送到婆家，送亲之人被称为“送女客”，一般情况下是新娘的嫂子，没有嫂子的婶子也可以，如果什么都没有则由自己的奶

奶来送。送客的属相也要与新人相合。旧时，要用椅子抬着新娘上轿，新郎要带着蒸糕到丈人家，取步步登高之意。在迎亲的途中遇到桥、庙，会专门安排一辆车在前面贴喜帖。

不过，迎亲之礼主要是对初婚男女而言的。若男女双方均是再婚，则一般没有迎亲的仪式。但是，若女方是再婚，而男方是初婚，则迎亲之礼通常仍会举行。

迎亲的队伍回到男方家后，要举行一系列的仪式活动。首先是顿性子、迈红鞍，即新娘、新郎乘坐的车要在婆家门前停一会儿，寓意是新媳妇已经过门了，顿顿自己的坏脾气，以后婆媳好相处。接着迈过红鞍，代表着新媳妇是家里的人了，红红火火入门。迈红鞍的同时要放鞭炮，鸣礼炮，找家里有威望的人在家门口的大门上压红砖。红砖有两块，旁边绑上筷子，垫起来，代表成双成对。压红砖在当地还意味着左、右门口有龙虎，从此家里兴兴旺旺，几辈人都得福佑。对此，老人们这样传唱："过了门压红砖，上了床把糕端。"新郎、新娘进到家中后要拜天地，找本家族当中有文化的、排行靠前的男性老人主持拜堂之礼——现在则多请专门的司仪。拜天地时要在院中摆一个桌子，上面放鸡、鱼、馒头和酒等供品。馒头要求是 5 个，摆在盘子里，下面 3 个，上面 2 个。在此过程中，新娘行改口礼，即开始改口称自己的公公、婆婆为爹、娘，此外还有叔叔、婶子等。为此，公公、婆婆和叔叔、婶子等则包红包给新娘，一般里面放 12 块钱，取"拾儿"之意。

拜天地所用供桌(李琳琳摄)

拜天地后，由主持拜天地的老人拿着扫帚把敲开锁子，然后把扫帚和红绳一起扔到房顶上去。红绳讲究的是“千里姻缘一线牵”；如果扫帚头朝下意味着生闺女，扫帚头朝上意味着生儿子。锁子被敲开之后，由新郎、新娘互相剪下对方的锁子，扔进火盆，火盆用黄表纸点燃，意在告诉已经过世的老人，家里有人成亲了，喜事到了。而在以前的时候，锁子是由干娘来剪的。

拜完天地进入新房后，新娘要脚踩接脚石上床，其中接脚石底放着12块钱，亦取“拾儿”之意。然后挑粮食斗，在斗里放着一把剑、一支笔和一个擀面杖，证明以后家人的生活衣食无忧。新郎、新娘“吃条子”，即吃面条。面条是生的，由新娘从娘家带来。面条不会完全煮熟，由傧相将面条喂给新娘吃，边喂边问：“生吗？”新娘则回答说：“生。”一般情况下是吃两口，意味着生龙凤胎。随后是踩炕头，新娘坐在床上，新郎围着新娘左转三圈，右转三圈，寓意是把床踩结实了，以后生活踏踏实实。床上所有棉被的角上都挂有枣、栗子和花生，象征早生贵子、团团圆圆。还有填枕头，新郎和新娘用麦秸和秫米一起填。事前将米准备好，新人一起用擀面杖往枕头里面填，所用的麦秸上面有的会插上松柏和大葱，象征着长青和聪明。

婚床（李琳琳摄）

婚礼是人情往来的重要时刻，亲朋好友、邻居等都纷纷前来上礼贺喜。通常在婚礼前三五天，就将婚礼的消息通知给亲朋好友。对于一些重要的客人，如新郎的舅舅等，过去还需要提前上门迎接。关于随的份子钱，村民说：

> 以前拿五六十，现在五六十就显得少了。亲戚朋友的，拿个三百二百，自己的亲舅、亲姑这些人，拿个千儿八百的，最少也得五六百。[①]

对前来贺喜的亲戚、朋友、邻居等，主家则通过酒宴进行招待。喜宴分女官宴和男官宴，但上的菜一样。当地喜宴讲究上22道菜，"一鸡二鱼三凉菜"。上菜者用四方的案子（俗称"传盘"）端菜，一次四个菜，没有重复且要求次序分明。以前，喜宴是在自己家中进行，若自家空间不够，还可借用邻居家的地方。由于来客较多，需要很多的桌椅板凳、盘子及碗等，一家人凑不齐，可从邻居家借用，禹王台村有关向狐仙借盘子借碗的故事，其实就是对此习俗的反映。不过，如今为图省事，也为了追求面子，越来越多的人家开始将喜宴安排于酒店之中，如此用传盘上菜、借盘子借碗的习俗也就不多见了。

按地方习俗规制，结婚当天新娘是不吃婆婆家饭的，而是从娘家带饭过来吃，这被称为"吃小饭"。以前主要是带油条和鸡蛋，现在则没有过多的讲究，只要带点吃的、有那么点意思就可以。另外，当天娘家人送完亲、吃完饭要离开时，新郎家会将提前打好的年糕送给他们——更多的时候是喜馒头和喜火烧。年糕10个压在一块，从中间切开，男女双方各一半。

婚礼当天的下午，待喜宴结束、送走客人之后，则需要到祖坟上喜坟。新郎新娘可一同前去，也可只有新郎与男性长辈前去。带着供品、香纸等，到祖坟后，放鞭炮、上香、发纸钱，然后跪拜磕头，告诉祖先家里添新人了。婚礼后的第三天，婆婆事先将一定数额的钱埋在锅底灰下面，然后由新媳妇将钱取出，放在婆婆的枕头底下，称为"三日扒灰"。如今这一习俗已基本不存在了。另外，这一天，新郎、新娘要同回女方娘家，称为"回门"。结婚之后，

① 被访谈人：陈发源；访谈人：李生柱；访谈时间：2011年5月28日；访谈地点：禹王台村陈发源家。

有一系列的习俗规矩需要遵守。如第一个正月十六要在娘家守灯，不能在婆婆家过，当地人认为若不遵守这一规矩，会对公公的身体不利；第一个腊八、腊月二十三则必须要在婆婆家过，并且要等过了年初一后才能回娘家，不然会对丈夫的兄弟产生不好的影响。如今已很少有人在意并遵守这些习俗了。

第五章 村里的人 村里的事

就如同找不到两片完全一样的树叶，虽然我国的村落有成千上万，但却找不到两个完全相同的村子。每个村落都是独一无二的。具体来说，这种独一无二性体现在村落文化传统与社会生活的方方面面，如家族构成、神灵信仰、情感观念等。但归根到底，村落又是生活于其中的村民的村落，一个村落的特质与性格，正是通过生活于其中的一个个活生生的村民体现出来的。反过来，一个村落或一个村民，又如同一面镜子，在其身上能明显映现出社会发展的种种样态。

一、老教师

长期以来，禹王台村一直都是一个比较重视教育的村庄。可能是受此风气影响，禹王台村出了非常多的教师，其中光在附近沈家营小学与台底小学教书的就接近 10 个。统算下来，目前仍居住在禹王台村或从禹王台村走出去的教师，包括正式在职与已办理离退休手续的(不包括已过世的)将近 30 人，可以说是一个名副其实的教师村。这其中，出生于 1929 年的陈发源老人，是村里仍健在的、年龄最大的教师(也是目前村里年龄最大的人)，他的 3 个儿子与 1 个女儿也是(或曾担任过)教师。陈老先生人生经历丰富，家风醇厚，可谓是禹王台村教师队伍的一个典型代表。

陈发源老人(王加华摄)

陈发源,字明斋,1929 年阴历五月二十五出生于禹王台村一个普通的农民家庭。其祖父名陈廷梁;父名陈俊瑞,为家中长子,后出继廷梁叔兄廷吉为子。陈俊瑞生子二人、女一人,长子陈巨源,次子即陈发源,后巨源出继俊瑞族兄国瑞为子。为此,陈俊瑞先后继承了两份家产,后又经自己的辛勤劳作与省吃俭用,成为拥有土地 15 亩(大亩,1 大亩约为 4 市亩)的殷实之家。由于和气待人并经常帮助贫困户解难,陈俊瑞在禹王台村有很高的威望与良好的口碑。陈发源长兄巨源,长其 9 岁,抗日战争前先在村里上新式小学,后又考入当地的联中,可就在毕业那年的秋天得脑炎去世了。于是,父亲对作为"独苗"的陈发源极为珍视。

1937 年,陈发源开始在村里上小学,当时上的是新式学堂,共有 4 个年级、四五十名学生,但仅有教师一人(亦为禹王台村人),教授数学、物理、语文、历史等课程。1938 年,日军占领潍县并随后进驻距禹王台村不远的寿光侯镇,为此禹王台村小学停办解散。此后,村里办了三所私塾,村东、中、西各一所,教授《三字经》《百家姓》《论语》《中庸》《大学》等传统课程。陈发源入村中私塾读书,前后约一年时间。1939 年春,日军进占禹王台村并驻扎于禹王台台顶,阴历九月左右撤走。1940 年,村里的小学复办,陈发源又重入新式小学读书。1941 年,禹王台乡完小建设完成(即在禹王台村),当年春天,

陈发源升入禹王台完小读书。但 1941 年底禹王台完小又停办，陈发源转入台底村完小继续读书。据老人回忆，当时学校教学抓得比较紧，乡里经常会组织观摩会并进行全乡统一考试，成绩前列者会张榜、发奖品。有一次，陈发源考了前五名，奖品光本子就领了一大摞，此外还有铅笔等物品。

1943 年，陈发源在台底完小毕业，开始准备升初中的考试。当时潍县的安固等地设有师范学校、中学等，但由于这些学校位于日伪占领区并在一定程度上受到日伪势力的控制与保护，因此当地人都称其为汉奸学校而不愿前去就读。刚巧，国民党十五旅旅长张景月在其老家寿光留吕开办了十五联中，又称“留吕中学”。当时，潍县、寿光等北部处于张景月部队的控制之下，而禹王台往南几公里就属日伪占领区。1944 年春节后，陈发源到十五联中就读。当时学校教学抓得非常紧，教师队伍中有很多大学毕业生，甚至还有大学教授。学校设有专门的英语课，并举办有英语周活动，活动期间，不准说汉语，吃饭、交流都必须要说英语；体育课就像军训似的，老师拿着棍子，哪个同学表现不好，就会用棍子打他。1945 年日军投降后，潍县北部地区、寿光侯镇等地被共产党部队占领，而十五联中作为由国民党开办的学校，随着国民党的撤离也就停办解散了。

学校解散后，陈发源回到家中，当时陆续回到村中的中学生有一二十个。这些中学生后来有的去了青岛，有的去了侯镇。而陈发源作为家中的“独苗”，父母舍不得他到外地去，于是就留在家中帮忙干一些力所能及的农活。1945 年底，政府倡导减租减息；1946 年，政府又倡导献田献粮，陈发源的父亲就献出了几亩土地。1947 年，国民党重点进攻山东解放区；同年，轰轰烈烈的土改运动开始了，陈发源家被定为劳动富农，留下了 7 亩多地，剩下的土地全部分给了本村其他农民。由于陈父为人忠厚老实，又带头献田献粮，因此一家人并未受到什么冲击。在土改与支援前线的运动中，作为留在村里为数不多的中学生之一，陈发源开始到村中帮忙，担任粮秣委员，主要是帮助村会计征收田赋、公粮并到潍县前线运送物资等。当时村里的老会计陈明学已经 50 多岁了，不会写阿拉伯数字（当地人称“洋码”），于是主要由陈发源与另一个名叫万金（音）的年轻人负责往前线运送物资。每次都有多辆大车，上面满载米、面、柴等物资，待送到前线后，陈发源与万金就到解放军指挥部开条子，证明物资已送到。运送物资时，不时会冒着枪林弹雨前行，有时还会碰到国民党飞机的轰炸。除征收田赋、运送物资外，陈发源还担任了禹王台村农民夜校、妇女识字班的老师，负责向村民传授文化知识。

1948年9月，济南获得解放。此后，为培养各类人才，共产党山东省政府开始倡导各地因战争而停办的学校复课。1948年10月，潍县在张庄召开了全县复学会议，陈发源也前往参加了此次会议，被并安排到禹王台村小学担任教师。但10月份正值征收田赋与公粮的时节，于是当时禹王台村的书记陈久堂便要求陈发源先不要到学校上课，而是先帮会计进行征收田赋与公粮的工作。于是，直到1949年正月十五后，陈发源才正式到禹王台小学报到上班。当时禹王台小学共有四个年级，陈发源教授一、二年级，另一位老师王恒德则负责教授三、四年级。一、二年级共有50多人，虽然仅各有一个班，但实际上包括春季班与秋季班两茬学生。

在教课的过程中，通过思想学习，陈发源的思想越来越进步，同时也越来越觉得自己文化水平还是太低，看着那些高中或师范班毕业的老师而心生羡慕。刚巧，上级也提倡教师进一步进修，于是陈发源经上级批准后，于1950年春节后到平度参加西海中学师范班的升学考试。当时平度属昌潍专区，也就是说与潍县同属一个专区。南孙区前去考试的总共有30多人，但最终考上的就只有陈发源等三人。之所以考师范班，是因为上师范不用交钱，也不用从家里拿粮食，这对经常遭受涝灾、生活比较艰苦的禹王台村村民来说，节省了一笔不少的开支。1950年6月，平度被划归莱阳专区，不再属昌潍专区——这正是为何陈发源毕业后没有回禹王台，而是留在平度新河工作的最主要原因。

在西海中学，陈发源也"没大正儿八经地学"。1950年冬，莱阳专区进行土改，需要大量干部，于是就将西海中学师范班2个班的学生全部调到了莱阳专区土改大队工作。当时平度被分为4个县，即平东、平西、平度、平南，陈发源被分到了平南县工作。1951年春，上级部门突然来了新的指示，要求凡是从教育部门抽调出去的人，一律归队，发展教育事业，为建设新中国培育各方面人才。虽然当时莱阳专区并不想放人，但上级有命令，于是原西海中学师范班的两个班又重新回到了学校，并很快举行了毕业考试。毕业之后，陈发源被分配到了平度县新河完小工作。

1948年，上级党组织到禹王台村发展党、团组织。当时禹王台村被确定

为发展对象的有 4 个人，即陈发源、村长、民兵连长与民兵队长。陈发源最年轻，就表态说自己可以先入团，然后就填写了入团申请书，成为禹王台村第一个团员。当时团的全称为“新民主主义青年团”，此后才改称为“共产主义青年团”。由于当时党团组织的发展还处于未公开状态，因此知道陈发源团员身份的只有两个人，即支部书记陈智生与另一个名为陈智学的人。陈发源到新河完小工作后，教师队伍中的团员也不多，于是陈发源就被选拔为新河完小团支部的宣传委员。1951 年，新河区成立了少先队（原先叫“儿童团”）组织，陈发源被任命为少先队总辅导员。1952 年，陈发源曾被临时抽调到新河完小崔家分校工作了 4 年。虽然这期间政治上遭遇了挫折，但由于陈发源工作积极认真，工作成绩突出，1955 年暑假被评选为“县级优秀教师”，还被提拔为新河完小教导主任。此后一直到 1968 年他离开新河完小，一直担任教导主任的职务。1959～1961 年，他曾被调到柘埠完小工作了一年多。在陈发源担任新河完小教导主任期间，光校长就换了好几任，有的时候出现空当，根本就没有校长，于是他这个教导主任就临时将全校的工作承担了起来。特别是 1958 年的时候，过完春节回到学校上班起，一直忙到年底的腊月二十六，陈发源才回了禹王台的家。由于陈发源在新河完小待的时间长，熟悉情况，因此每一任校长都将他作为重要的依靠力量。

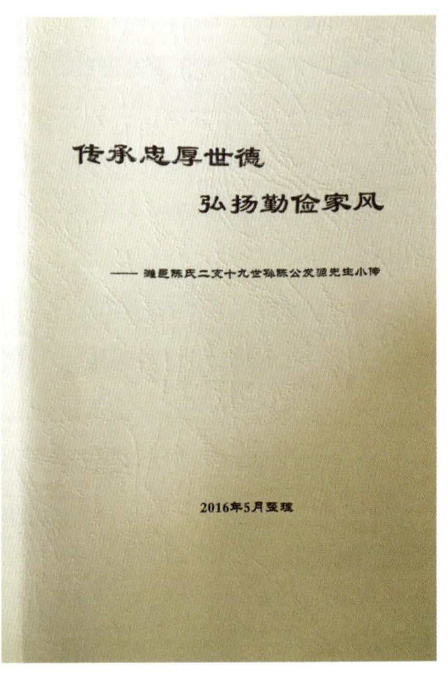

陈发源老人所写个人小传封面（王加华摄）

1966 年，“文化大革命”爆发。由于陈发源平日努力工作，成绩突出，和老师们的关系也比较融洽，因此虽然家庭成分不好，也受到了些批判，但总体来说对他的冲击并不大，没有人给他写过大字报。不过他还是被停止了教学工作，被分配管后勤，看学校大门。“我和学生们在一起，你要纸给你纸，你要墨给你墨，但是我得强调，漂白的墙上不准乱写乱画，不能把学校环

境弄坏了。学生倒还挺听我的话，没有往墙上乱写的。”

1968年底，有两位姓王与姓侯的人向省里提建议，要求凡是在外地工作的教师都要回本地接受贫下中农再教育。于是借此契机，陈发源终于回到了家乡禹王台村。而在此之前，“大家都回来了，我要求回来要求了多少回啊，校长觉得用我用得踏实，就是不批准”。回到禹王台村后，他本以为要接受贫下中农的再教育，但刚好村里学校要开课但缺乏教师，于是只在家里待了三四天，陈发源又被安排到禹王台村学校上课，担任初中班的语文老师兼班主任。当时村里回来的老师共有6位，其中有2位校长、1位中学老师。初中班的学生为老三届，基础还比较好，但是受当时环境的影响，学生分为了两派斗争不断，严重影响了正常教学的进行。“我一看这样怎么教学，我就和两个党员校长说了说。我说咱在外边教学，教得好坏人家说不上啥，咱在家教学，你要是教不好，都是本村的爷们，你的名字就永远记在本村里了，就永远抬不起头来了。”于是他和两派学生说，不管在村里如何打斗，一律不准将这种现象带到学校里来。为加强纪律，他又和民兵队长联系，经过贫协同意并和其他老师商量后，开始对学生进行军训。“每天早上领着跑步、训练，实际上目的是整理学生这个思想。再一个就是别给学生空余时间，晚上上晚自习，早上跑操结束后也加上一个自习，早晚两个自习，搞了一个冬天。”

当时上课并没有课本，特别是语文，于是陈发源就找来当时的通讯报道，将里面他觉得比较好的文章挑选出来给同学们讲解。但光讲解文章与字词不行，还得讲解一些语法知识。好在他在平度师范上学时，有位青岛大学国文系毕业的老师曾专门给他们讲授过语法知识，而他自己也刚好对语法知识特别感兴趣，因此认真记了笔记，知识点掌握得比较牢固。于是，他找出当年自己的听课笔记并凭着个人的回忆，写好了有关语法知识的讲稿，就字、词、句子的成分等向学生作详细讲解。而事实上，当时全校老师中，真正懂语法知识的并不多。由于教学纪律比较好，课程学习比较全面，讲课认真，因此陈发源在村里教过的两届中学生都取得了不错的成绩，“推荐到高中以后，一下子就打响了”。

“文化大革命”时期，升学主要实行贫下中农推荐制。1971年春天，陈发源的大儿子陈在华初中毕业——一直跟着自己的父亲读。当时本地的高中

已开始招生，但由于实行推荐制，因此虽然大儿子学习成绩非常好，但受家庭成分的影响，最终没能上高中。1973年，二儿子陈在民初中毕业，他的成绩同样非常好，经常考班级第一。而当年实行的是推荐与选拔相结合的制度，由于学习成绩比较好，尤其是数学成绩在全区最高，经上级研究，陈在华被破格录取上了高中。1976年高中毕业后，陈在民回村做了兽医，1977年被推荐入本村中学当民办老师。高考恢复后，1978年，陈在民考入潍县师范。三子陈在勤1976年初中毕业，由于当时又改推荐与选拔制为单纯的推荐制，因此成绩优秀的三儿子也没有获得上高中的资格。对此，陈发源也很是无奈："我的两个儿子失去了学习的权利，他们心情不好，其实我当父亲的心情更不好，但跟着共产党走是最好的出路。我给我的孩子取的名字，'华民勤耕耘'，不说别的地方，我上庄户地勤耕耘行吧！以后到其他的单位也可以勤耕耘啊。"

1972年春，陈发源被调到西王庄联中任教半年，秋假后又被调到南孙中心联中任教。1978年，十一届三中全会召开，改革开放拉开了大幕。"在我来说，全当来到了春天，家庭成分没有压力了。"1980年，为了照顾长子接班，同时照顾老人，陈发源办理了退休手续，虽然他此时还不到退休年龄。退休之时，他和当时的南孙联中肖校长达成了口头协议，即肖校长在南孙联中待几年，他也继续在这个学校待几年并继续教课。1982年，肖校长调任肖家营中学，在新校长的挽留下，陈发源又继续留在南孙联中工作了两年半，一直到1984年底才算正式退休回到家中。真正退休以后，正好他的外甥在符山联中做校长，当时学校要盖校舍，有两位老师被临时抽调去了工地，急需老师填补空缺。于是他的外甥就对他说，你反正待在家里也是待着，过来给我帮帮忙吧。于是，他又到符山联中任教1年，教授1个班的数学与4个班的历史。"咱没给他丢脸……年终考试的时候，我教的两门课都得了二等奖。"

由于孩子们都大了，需要盖房子、结婚，老父亲也需要人照顾，1985年陈发源最终辞职回了家，张罗家里的各种事务。用他个人的话说："退休后的前20年，没干别的，就是打门球。"他和村里的其他一些老人，将乡门球场由台底村搬到了禹王台村。除了在村里打球外，他们还到其他地方（比如侯镇）去打比赛，获得过一次冠军、两次亚军，和其他地方的门球队也经常往来。最近一些年来，和他一块打门球的老人都相继去世，村里的门球场也渐

渐荒废而不再使用了。当然，在此期间，陈发源也并非天天只顾着打门球，还是要忙家里事务的，非常重要的一个方面就是农忙时帮三儿子陈在勤从事农业劳作。

打门球、忙农活外，陈发源还经常参与村落公共事务①，比如帮助村里进行人口普查、写标语、出墙报、参加揭幕典礼等。另外，家族中的红白喜事、邻里纠纷、建房等也经常找他主持。最近这两年，他参与主持的最重要的一个活动是续修家谱。禹王台陈氏族谱自从1928年续修后，此后再未续修。2011年，陈发源开始着手此项事务，找热心人帮忙，调查核实家庭成员，特别是外出人员，把核实的各家人名按世编写成图，续入老谱。但历时两年，只完成了西支，东支尚未完成。2013年，潍坊陈氏老一支第二十三世孙陈祖光倡议合修潍县陈氏族谱，陈发源又用一年多时间，将东支调查续修好，于2014年春将全部材料送至潍城续谱委员会。最终于2015年12月30日，举行了隆重的潍邑陈氏族谱完工典礼。用陈发源老人的话说："修了5年谱，算是我对禹王台姓陈的做的最后的贡献吧！"此后，潍坊政协找到陈氏家族续谱委员会，搜集陈氏家族历史上的名人与好人好事。续谱委员会人员来到禹王台村，请陈发源代为搜集禹王台村陈氏族人事迹。但老人想了半天，没想到村里有哪些名人，也没有很好的事情。结果来人说，你把自己的家庭写写不就可以吗，你个人的家庭就很典型啊！于是，陈发源老人动手并写作完成了《传承忠厚世德　弘扬勤俭家风——潍邑陈氏二支十九世孙陈公发源先生小传》，并由自己的孙媳妇整理成了小册子。

陈发源共育有四子一女，长子在华一直在教师岗位工作，勤奋好学，取得大专文凭，思想进步，加入了中国共产党，曾在沈家营联中担任校长，2015年退休。次子在民毕业于潍县师范，亦为教师，专教毕业班的物理课，教学成绩突出，为高级教师，2015年退休。三子在勤，受"文化大革命"时期政策的影响，未能推荐上高中，后为照顾家庭而留家务农，夫妻二人承担了全家七八口人的承包地，还承包了别人家20多亩地。陈在勤和睦邻里，乐于助人，在村两委的"四德榜"上榜上有名，是勤劳致富的能手。四子在耕，1988年毕业于山东工业大学电力专业，先在潍坊电校工作，后调入潍坊市电业

① 对于近些年来禹王台被承包后出现的种种情况，陈发源老人深感愤怒与惋惜。

局，晋升了高级职称，现为电业局中层干部。女儿在耘，潍坊华侨幼儿师范毕业后先分配于制药三厂幼儿园，后调至盛宏医药公司工作。第三代中，长孙殿春中专毕业，创立了自己的电力工程公司；殿晖毕业于东北电力大学，现在广东大亚湾核电站工作；殿兴毕业于华北电力大学，现在潍坊市电业局工作。孙女丽丽毕业于山东大学电力专业，现在淄博电厂工作；文文毕业于烟台电力学校，现在潍坊市电业局工作。陈发源老人将子孙名字的最后一字，亲自写成了一副对联，即“华民勤耕耘，春晖兴丽文”，寓意在美好春光的照耀下，谱写更加壮丽的篇章。而对自家的家风，他亦写成了一副对联，即“传承忠厚世德，弘扬勤俭家风”。编写这一对联的目的，主要在于教育孩子。为此，他专门将此对联装裱后放于自家客厅显眼处；每年过年时，他也在大门上贴此对联，并在全家团聚时向他们讲述自己的优良家风。

陈家家训(王加华摄)

二、老村长

在中国传统社会中，“皇权不下县”，正规行政系统通常只到县一级。当然，这并不代表在广大的农村地区就没有“官长”的存在，如传统的保长、甲长、里长等。1949 年后，国家开始在村落一级建立起正式的管理系统，并设置了村长(村主任)与村支部书记作为村落的最高党政“长官”。作为全国诸多行政村中的一个，禹王台自然有同样的设置。1949 年至今，禹王台村产生了多位村长与村支部书记，陈顺堂即是这众多村长中的一员。

陈顺堂，1946 年出生于禹王台村一个普通的农民家庭，共有兄弟四人，其在家中排行老三。土改时，其家庭成分被确定为下中农，用陈顺堂的话说："属于被利用对象！"[①]1960 年，陈顺堂进入初中读书，在此期间，因表现优异，他加入了共产主义青年团。1963 年，陈顺堂初中毕业，未能升入高中进一步就读。作为当时为数不多的初中生之一，毕业后，他立志要成为一名干部，并很快被任命为禹王台村团支部书记。1964～1965 年，他又被安排进入村里小学做教师，教了约两年的书，同时还继续担任着团支部书记的职务。当时做老师并没有工钱，而是给工分。"我当着团书记，再加上教书，才给 10 分，就相当于一个整劳力的分，和下田是一样。"正因为有这一段教书的经历，如今落实政策，他每月会有 120 元钱的收入。

正在演唱的陈顺堂(陈科锦摄)

1976 年"文化大革命"结束后，在生产队做了多年会计的陈顺堂被选为大队会计。但这遭到了某些人的反对，认为他太年轻，不适合担任大队会

① 被访谈人：陈顺堂；访谈人：尚小芳、石玉洁、陈科锦；访谈时间：2017 年 10 月 21 日；访谈地点：禹王台村陈顺堂家。下文所引用之访谈资料，均出自此次访谈，不再特别注明。

计，于是他又被安排到第六生产队担任会计，并恢复了他禹王台村团支部书记的职务，随后，他加入了中国共产党。1976 年底，潍县工作队来到禹王台村，想让陈顺堂担任禹王台村大队党支部书记，但他拒绝了。之所以拒绝，是因为村里派系林立，很多势力根深蒂固，他担心当上大队书记后并没有人会听他的指挥，虽然他觉得自己确实有很强的能力。权衡再三，他最终选择了担任禹王台村村长。1977 年，高考恢复，他也曾想像其他人那样，考考试一试，但最终还是放弃了这一梦想。“别人问我，你怎么不去考呢？你也是个高材生。我觉得这个人，你这个命，得有机遇啊。”

在担任村长期间，陈顺堂自认为还是为禹王台村村民做了许多实事的；但同时，他也承认自己脾气暴躁，很多时候不讲人情。“你不对，我就不让你过关。”比如，若谁家不交公粮，他就亲自带人到这家把粮食弄出来。但整体言之，由于主持正义，村里人对他都比较尊重。“我卸任以后，换了三任书记，都很尊重我，老百姓也尊重我。你得主持正义，人这一辈子，要是不主持正义，就没有人信服。”

1990 年，陈顺堂被调到肖家营乡政府工作。从 1976 年上任到 1990 年卸任，陈顺堂一共担任了 14 年的禹王台村村长。近些年，政府落实政策，为那些曾担任过村长、村支部书记的人发放一定数额的退休金。陈顺堂 14 年的村长经历，被算为 15 年，每月发放 150 元钱的补助。1991 年，肖家营乡成立了禹王台庙筹建委员会，他又被调回禹王台村并在建庙委员会中工作。1992 年，禹王台庙建成，随之成立了禹王台庙管理委员会，负责对庙宇的看管与维护，成员都是原在各村担任村长或大队书记的人，陈顺堂亦为其中的一员。管委会最早有 7 人，后来变为 5 个，后又减到 4 个，最后更是直接解散了。之所以如此，主要是因为效益不好，工资都发放不了。1995 年，禹王庙被私人承包，但陈顺堂并未离开，而是留下来继续负责看管庙宇，一直到 2004 年。此后，他被安排看管村里的自来水。2009 年，弘耀道长承包禹王台后，陈顺堂被雇用到禹王台打扫卫生，每月 500 元的工资报酬。2011 年，他离开禹王台，开始负责村西公路的打扫工作。

讲解禹王文化(王加华摄)

个人生活方面,年轻时的陈顺堂一直未娶:“那个时候对象我不要,就是不要。”慢慢年龄大了,很多人都给他说亲。他提了三个条件,即有病的不要,要钱的不要,带孩子的不要。“要钱的我不要,她来跟着我,我再给她钱,没什么意思……你本来有儿女,要花很多钱,我是什么年纪了,我挣不出来了。”由于没有成家,又无儿无女,他被村里确定为五保户。2007年,在同学的介绍下,他最终和一位来自沂南的老人喜结连理,当时他62岁(虚岁),老伴60岁(虚岁)。用他的话说,老伴也是一位命苦之人,无儿无女,领养了一个闺女。后来女儿在潍坊打工并嫁给了潍坊当地人——离禹王台村只有几公里远,她来潍坊找女儿,然后由老同学介绍给了陈顺堂。结婚后,虽然不是自己的亲生女儿,但“这个闺女待我相当好啊”。为此,陈顺堂很是知足。2016年初,陈顺堂老伴被查出患了严重的病,村里主动帮他申请了老党员困难补助。

打小时候起,陈顺堂就非常爱好文艺。“打小我就唱戏,现代京剧,老京剧,还有小吕剧什么的,我都会唱。我唱旦角。”此外,他还会拉二胡、打天津快板等。早在人民公社时期,陈顺堂就参加过高跷队,到各个地方去演出。“文化大革命”时期,他组织群众排练革命样板戏,并到各村去演出。在他担任村长的时候,每届禹王台庙会,他都会自己骑着自行车到寿光、潍城等地

去请京剧团、吕剧团，还组织大家扭秧歌。“我一招呼，他们就来了。”如今，他组织的最主要的艺术活动就是扭秧歌。他的家成了村里艺术活动的中心，大家聚集一堂，唱歌、排节目，“人总是满满的”。直到老伴查出病后，这种情况才发生了改变。

陈顺堂认为，秧歌不能光扭而不唱，于是他编写了很多歌谣，以备扭秧歌时演唱。这些歌谣都是根据现实形势进行创编的，如《夸咱庄(村)》《两亲家对嘴》《十唱党的政策好》《中国梦》。2014 年，国家号召建设文明村，他又适应形势需要，创编了一些赞扬党和国家政策的唱段(并没有具体题目)。为此，潍坊市电视台曾专门来到禹王台村，为其演唱进行录像拍摄。

陈顺堂编写的《十唱党的政策好》，对中国共产党领导下农村生活的各个方面进行了描述，比如饮食、住房、医疗、卫生、教育等。其文具体如下：

锣鼓响，好热闹。嘿！锣鼓响来好热闹，唱起歌来劲头高。今天不把别的唱，唱一唱党的政策就是好，唱一唱党的政策就是好。

一唱呀党的政策好，人民生活提高了。鸡鸭鱼肉样样有，想吃水饺包水饺。要吃硬的吃火烧，要吃软的吃面条。不软不硬方便面，不动刀板冰箱里找。

二唱呀党的政策好，农民的住房改变了。出厦房子小平楼，宽敞明亮空气好。明间套间洗澡间，各种摆设都齐全。家用电器样样有，房内装修很美观。

三唱呀党的政策好，走亲访友不用跑。村村都通柏油路，摩托面包尽你挑。不管近来还是远，电动三轮更方便。好天孬天不用愁，一开油门就到站。

四唱呀党的政策好，保健卫生很重要。农村都有卫生室，农民还办了合作医疗。小灾小病在家治，急病重病别烦恼。乡里区里有医院，“120”一打医院里跑。

五唱呀党的政策好，普及教育要做到。孩子上学不花钱，有史一(以)来还是头一遭。孩子上学坐汽车，来回不用大人接。最主要的是安全，老师家长心放宽。

六唱呀党的政策好，尊老爱幼都知晓。社会美德人人赞，牢牢记住这一条。要把孩子养育好，养大成人要行孝。孤寡老人有人管，敬老院里去养老。

七唱呀党的政策好，文娱活动下乡了。村村都有文艺队，秧歌舞蹈踩高跷。扭起秧歌劲头高，节目演得叫人笑。结婚典礼凑热闹，叫人看了笑弯了腰。

八唱呀党的政策好，土地到户咱承包。管理全是机械化，科学种田产量高。小麦玉米是主粮，经济作物不能少。大面积的种棉花，果园大棚收入高。

九唱呀党的政策好，狠抓经济这一条。只要辛勤去劳动，银行存款真不少。农闲时候找活干，农忙季节种大田。城里乡里去干干，大把的票子花不完。

十唱呀党的政策好，改革开放就是好。百姓走上了致富路，全国人民齐欢笑。城市农村都在变，工人农民都有钱。小康生活实现了，和谐社会多美满。

党的政策好，党的政策好，党的政策就是好，就是好，就是好。党的政策就是好！

由上可见，对于当下的政策与生活，陈顺堂是极为满意的。

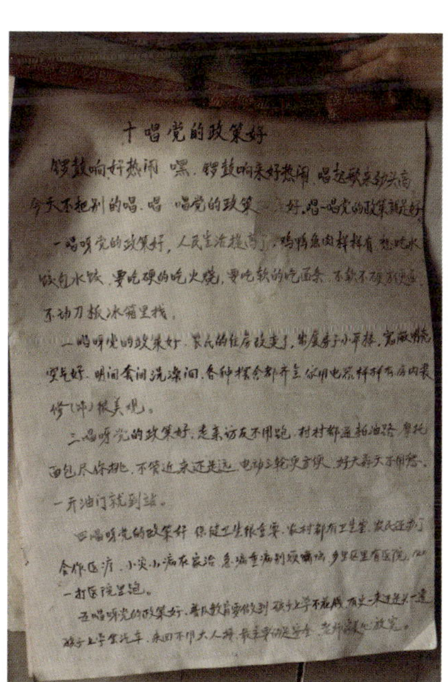
十唱党的政策好

锣鼓响好热闹 嘿，锣鼓响来好热闹，唱起歌来劲头高，今天不把别的唱，唱一唱党的政策[illegible]好，唱一唱党的政策就是好。

一唱呀党的政策好，人民生活提高了，鸡鸭鱼肉样样有，想吃水饺包水饺，要吃硬的吃火烧，要吃软的吃面条，不软不硬[illegible]，不动刀板冰箱里找。

二唱呀党的政策好，农民的住房改变了，[illegible]小平楼，宽敞明亮空气好，明间套间洗澡间，各种摆设都齐全，家用电器样样有，房内装修（饰）很美观。

三唱呀党的政策好，走亲访友不用跑，村村都通柏油路，摩托面包尽你挑，不管近来还是远，电动三轮更方便，[illegible]，一开油门就到站。

四唱呀党的政策好，保健卫生很重要，农村都有卫生室，农民还办了合作医疗，小灾小病在家治，急病重病别烦恼，乡里区里有医院，[illegible]一打医院里跑。

五唱呀党的政策好，普及教育要做到，孩子上学不花钱，[illegible]，孩子上学坐汽车，来回不用大人接，[illegible]。

《十唱党的政策好》文稿（陈科锦摄）

禹王台作为一个狐仙信仰的神圣之地，其浓厚的信仰氛围不可避免地会对身处其中的民众产生潜移默化的影响。身为禹王台村民的陈顺堂，自然也受其影响。为此，他搜集、整理了不少有关禹王台狐仙信仰的传说与故事，如《借碗筷》《赌钱迷路》《有求必应》《狐狸偷鸡》等。此外，他还为禹王台庙的建设工作做了不少贡献。1991 年建老三哥庙时，他骑着自行车到潍坊、寿光等地找人捐款，结果有一次在寿光被人当成骗子给卡住并关了起来，一整

天都没吃上饭。1992～2004 年，他一直在禹王台看庙。由于熟悉禹王台的历史、传说与故事，当有外人来禹王台参观时，他常常出面进行介绍，对村中丰富的信仰文化充满了热情。

三、庙宇承包人

作为禹王台村最为主要的地理景观与神灵信仰点，禹王台被私人承包始于 1995 年。当时陈汉阳、陈少先、陈邦友三人经过招标承包了禹王台，每年承包费 16000 元。2002 年后，承包权被转让给了陈月文，每年承包费 10000 元。在此过程中，禹王台庙一直不温不火，甚或大为萧条，直到 2009 年被来自东北的道士冯弘耀承包（详见本书第三章）。在前后三任承包人之中，虽然弘耀并非禹王台村人，但他对禹王台的巨大影响及其与村民之间不可调和的矛盾关系，都使他成为诸承包人中最引人注意且无论如何也绕不开的一个人。

据弘耀道长的个人讲述，他出生于 1958 年，祖籍潍坊市寒亭区，确切来说是禹王台村以南 7 公里左右的冯家花园村。他是家里最小的一个孩子，上面还有 7 个姐姐。3 岁那年，因在当地实在无法过活，父母就带着他及4 个姐姐去了东北（当时另外 3 个姐姐已在潍坊当地结婚嫁人）。但到了东北后，父母仍旧无法养活一家子人，于是就将他送到吉林清泉寺[1]当了和尚。“估计是养不起了，所以才把我送到了寺庙出家。”[2]此后他即在清泉寺做和尚，一直到 1994 年被迫还俗。还俗之后，政府并没有给他安排工作，只把户口给落在了大庆，另外寺庙给了 8000 元遣散费。由于自小在寺庙中长大，他并没有任何一技之长，什么都不会，换了很多工作，生活非常艰难，8000 元遣散费也很快就花光了。还俗之后，他才得知父母已去世 10 多年了，埋在了黑龙江省庆安县。他辗转找到父母的坟墓，利用自己出家几十年学到的本事，将他们迁到了一个风水宝地。

1995 年，弘耀迎来了自己一生中的一个重大转折，这年他遇到了一位来

① 据弘耀所说，此庙位于吉林与辽宁的边界处，地方叫“榆林镇”。

② 被访谈人：弘耀道长；访谈人：王加华；访谈时间：2011 年 5 月 27 日；访谈地点：禹王台弘耀住处。以下所引用之访谈资料，如不特别注明，均出自此次访谈。

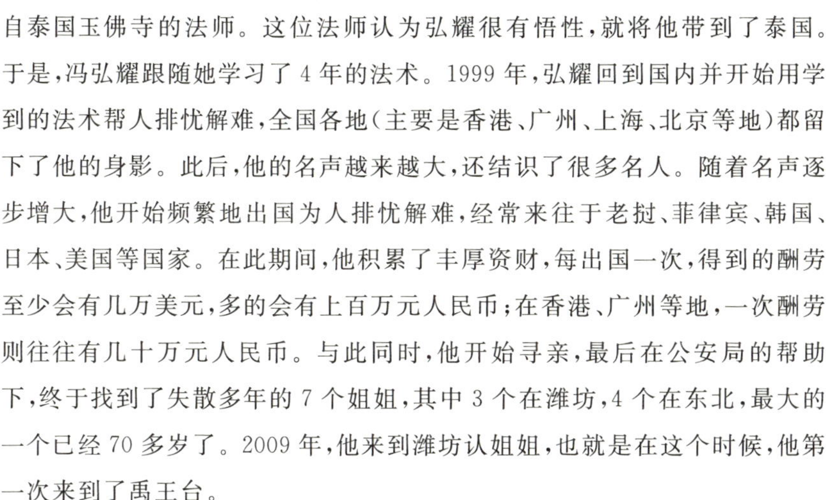

自泰国玉佛寺的法师。这位法师认为弘耀很有悟性，就将他带到了泰国。于是，冯弘耀跟随她学习了 4 年的法术。1999 年，弘耀回到国内并开始用学到的法术帮人排忧解难，全国各地（主要是香港、广州、上海、北京等地）都留下了他的身影。此后，他的名声越来越大，还结识了很多名人。随着名声逐步增大，他开始频繁地出国为人排忧解难，经常来往于老挝、菲律宾、韩国、日本、美国等国家。在此期间，他积累了丰厚资财，每出国一次，得到的酬劳至少会有几万美元，多的会有上百万元人民币；在香港、广州等地，一次酬劳则往往有几十万元人民币。与此同时，他开始寻亲，最后在公安局的帮助下，终于找到了失散多年的 7 个姐姐，其中 3 个在潍坊，4 个在东北，最大的一个已经 70 多岁了。2009 年，他来到潍坊认姐姐，也就是在这个时候，他第一次来到了禹王台。

在潍坊认亲期间，机缘巧合之下，冯弘耀"结识"了禹王台庙。2009 年 11 月，他签订了 20 年的承包禹王台的合同。

之后，冯弘耀投入了大量金钱来维修、兴建禹王台，先后兴建了五路财神庙、土地庙、神医胡三太爷庙、九天玄女庙、山神庙、城隍庙、北斗庙、长寿宫，并修整了老三哥庙、禹王大殿、仙姑庙、狐仙洞、狐仙冢以及道路等等。总之，对禹王台进行了全面的建设与维护。按他的说法，就是要将禹王台建成一个"全科医院"，以满足当地老百姓全方位的信仰需求。不仅如此，他还对禹王台的未来做好了长远规划，比如增建天龙殿、车神、路神及玉皇殿，以及扩大禹王台占地面积、修建停车场等等，而这刚好契合了政府打造大禹文化、将禹王湿地开发成旅游区的发展策略。

据弘耀道长说，从 2009 年底接手禹王台到 2012 年底，投入庙宇建设的款项达 500 多万元，而这些钱又全部为他个人积蓄。之所以投资建庙，将狐仙信仰发扬光大是一个原因，另一个原因是造福周边民众，使他们能有一个信仰的中心之地，满足他们全方位的信仰需求。因此，他认为他并不像前几任承包人一样，是以挣钱为目的，5 元钱的门票，连维持整个台的日常维护费用都不够。"现在还没见到任何回报，有可能一辈子就都把钱放这儿了，敬神了。咱的门票 5 元钱，这能干啥？"①不过对他的这一说辞，禹王台村村民

① 被访谈人：弘耀道长；访谈人：王加华；访谈时间：2012 年 12 月 1 日；地点：禹王台弘耀住处。

却有完全不同的看法。村民认为他承包台的最终目的就是为了赚钱，而建庙之资基本都来自各地信众的捐助。

在对庙宇进行大规模扩建的同时，按弘耀的说法，他的个人“威名”也在日益上涨与传播。承包禹王台之前他就已闻名各地，承包禹王台后，为周边民众“排忧解难”更是义不容辞，如为人看风水、治疗各种疑难病症等。他宣称自己法术高强，擅长治疗各种奇难怪病，曾将许多被医院“宣判死刑”的病人从死亡线上拉了回来。就实际情形来看，平日前来禹王台的人中，确实有一部分是冲他而来的。2011～2012 年于禹王台调查期间，调查组几乎每天都能碰到两三个在此治病之人。按弘耀道长所说，在他承包禹王台期间，仍有不少社会名流因各种事务前来向他求助。另外，他还是经常性地出国，以为人排忧解难。对此，大部分村民表示怀疑：“他老说自己出国了，能拿出护照来让我们看看吗？”

弘耀道长住房(王加华摄)

禹王台本是周边村落民众的自由出入之地，但私人承包却改变了这一局面，于是承包人自然也就招致了民众的不满。不过相比于第三任承包人弘耀道长，前两任承包人虽然也多少受到些非议与批评，却远非弘耀那样普遍与强烈：一是因为他们均为本社区之人，与周边民众有着千丝万缕的社会联系；二是他们未对禹王台做多少“出格”之事。相比之下，这两个“有利条件”，弘耀道长均不具备，因此他也就成为了民众集中攻击的标靶，似乎所有不合理之事均由他所引发。

弘耀道长的外地人身份本身就容易使其成为村民攻击的目标。事实上，当地人在得知禹王台被弘耀道长承包后的第一反应就是："我们的台，凭什么让一个外地人来承包？"而随着其对禹王台传统庙宇格局的改变，各种批评与不满之声更是扑面而来（详见本书第三章）。

此外，承包初期，弘耀道长与村落民众之间总是矛盾不断，这也是村民不接受他的重要原因。据村民说：

他刚来的时候，和嘲（傻）了似的，想着先把村民给欺负住，台子周边的邻居被他打遍了。打厉害了，他就给人家钱。[①]

引发矛盾的原因有很多：一是雨水排放问题。由于当地地势低洼，素有"十年九涝"之说，因此雨季极易遭受水害。长期以来，禹王台周围住户一直有将雨水通过围墙墙洞排入禹王台台底空场的习惯。弘耀道长承包之后，为避免水淹，将墙洞全部堵死，使外水无法进入。为此，周边邻居与其不断发生争执。二是宅基问题。早在肖家营乡经营禹王台时，就有将禹王台庙门由南侧迁移到西侧（靠近马路）的想法。但西侧满是住家，要想改扩建大门，首先就得将这些住家迁走。因此，虽有此想法并曾试图付诸实施，但终因这些住户的反对而不了了之。弘耀道长承包之后，旧事重提，他的想法是，不仅要将西侧住户房基全部买下，还要将南侧的房基买下并建停车场。这进一步招致了周边邻居对他的不满甚或是怨恨之情。三是功德箱钱款被偷问题。自1992年禹王台庙复建并对外开放后，就经常有半大孩子翻墙而入偷拿功德箱内捐款，直到弘耀承包之后，仍时有发生。对此，弘耀认为是村民"欺生"，是专门针对他，遂于某天暴打了一个前来偷窃的孩子，并且"连拉仗的都打了"。这一事件对他造成了极为不利的影响。四是庙会期间门票发放问题。1992年之后，正月十六庙会期间的传统做法是向禹王台村村民按人头每人发放门票一张。2010年庙会，弘耀却采取了每户发放三张的做法。但各户人口不同，因而出现了有的富余、有的不足的现象。于是正月十六当天，一些未拿到票的村民便在午后趁着酒劲来到台上"讨说法"，并与弘耀道长发生了言语与肢体冲突。村民陈邦友说：

咱这里正月十六有个庙会，以前本村村民上台不花钱。他（冯弘

① 被访谈人：陈月伦；访谈人：王加华；访谈时间：2011年5月28日；访谈地点：禹王台庙前街道。

耀)承包了禹王台后,弄了个什么情况呢?一户三张票,这事他也没和村委商议。咱觉得不合适,五口人是三张,光棍一条的也是三张,这一下子就产生矛盾了。光棍一条的一张就够了,剩下的两张可以卖钱;五口人的给三张,剩下的俩人就进不去。这就导致村民和他发生口角,打起架来。这件事是他弄得不好,自己庄里的,应该大人小孩全部免费……我就这么说,他一户发三张票的时候,庄里 420 户,1200 多张票。俺这个村呢,连非农户在内有 1300 多口人,你一人一张多好啊,一人一张也和他那个数差不多。五口人给五张,一口人给一张,正适合啊![①]

面对村民的不认同及与村民间的矛盾与冲突,弘耀也采取了一定措施以试图改变这种情况,主要是通过对一些村内事务的参与,逐步改善与村民的关系。如出钱帮村里整修道路;雇请多位村民为其工作;免费为村民拔罐治病,或看风水与宅基;不论谁家有需要,均免费出车服务;不论谁家婚丧嫁娶、寿诞庆贺、高考得中等,均随 100 元的份子钱;等等。2012 年底,弘耀又将全家人的户口从东北迁到了禹王台村,使他们至少在法律上成为了禹王台村正式村民。

但在村民看来,他始终没能融入禹王台村落社会中来,与村民之间仍然是保持着一定距离。首先,他与妻子并未真正融入村民之中。“他们一般都不出来和村里人打交道,也不和村委打交道。应该和村委搞好关系,和邻里百家搞好关系。”[②]其次,弘耀总是试图通过与上层的交往来达到其一系列目的。他利用与镇政府的“承包”关系逐步与乡镇及区级政府官员建立联系,并利用自己“能掐会算”、能治病疗疾的特长,逐步与当地企业主、书画名家等地方精英建立紧密且良好的关系,而这并不利于其与村民关系的缓和。虽然此后村民与其没再有大的冲突发生,但并不代表村民在内心就接受了他。村民与弘耀之间仅仅是去禹王台庙时才会有交集,其他时候村民则是把弘耀当作经营庙宇的外人,没什么事就老死不相往来了。

2015 年 6 月,“禹王台遗址”被山东省人民政府正式确定为“省级重点文

---

① 被访谈人:陈邦友;访谈人:王加华;访谈时间:2011 年 5 月 28 日;访谈地点:禹王台村村委会。

② 被访谈人:靳永凤,女,禹王台村村民;访谈人:吴美云;访谈时间:2012 年 2 月 10 日;访谈地点:禹王台村靳永凤家。

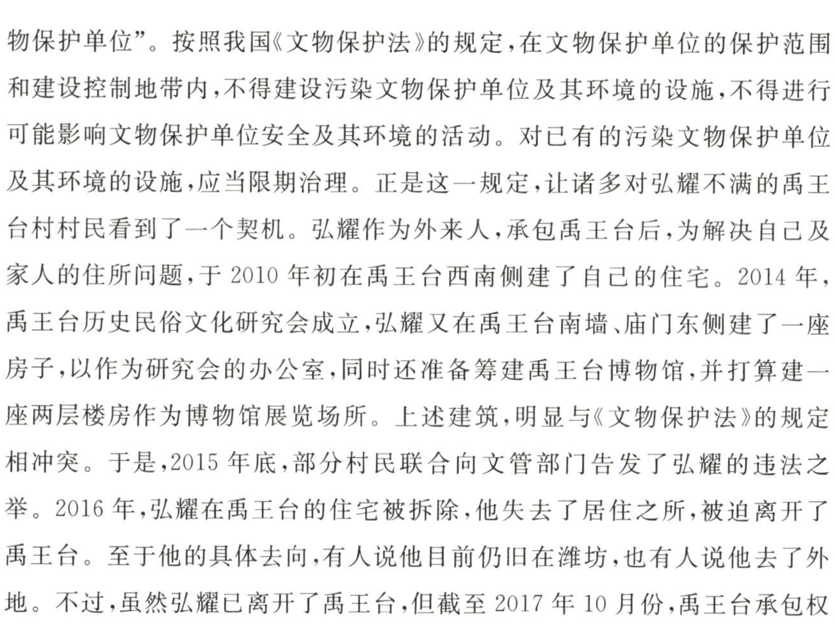

物保护单位”。按照我国《文物保护法》的规定，在文物保护单位的保护范围和建设控制地带内，不得建设污染文物保护单位及其环境的设施，不得进行可能影响文物保护单位安全及其环境的活动。对已有的污染文物保护单位及其环境的设施，应当限期治理。正是这一规定，让诸多对弘耀不满的禹王台村村民看到了一个契机。弘耀作为外来人，承包禹王台后，为解决自己及家人的住所问题，于 2010 年初在禹王台西南侧建了自己的住宅。2014 年，禹王台历史民俗文化研究会成立，弘耀又在禹王台南墙、庙门东侧建了一座房子，以作为研究会的办公室，同时还准备筹建禹王台博物馆，并打算建一座两层楼房作为博物馆展览场所。上述建筑，明显与《文物保护法》的规定相冲突。于是，2015 年底，部分村民联合向文管部门告发了弘耀的违法之举。2016 年，弘耀在禹王台的住宅被拆除，他失去了居住之所，被迫离开了禹王台。至于他的具体去向，有人说他目前仍旧在潍坊，也有人说他去了外地。不过，虽然弘耀已离开了禹王台，但截至 2017 年 10 月份，禹王台承包权仍在他手中。据村民说，他偶尔还是会悄悄回来看一看；在一位看庙人的照管下（工资仍旧由弘耀支付），禹王台也仍旧正常对外开放。关于禹王台与弘耀今后将何去何从，目前还不得而知。

禹王台博物馆（王加华摄）

四、香头

作为周边村落的信仰中心地所在，禹王台村历史上曾出现过很多香头。现在，禹王台村主要有三位香头，都是妇女。其中一位年纪已很大了，但业务很火。另一位比较年轻，办功（做法事）年头也不算长，相对名气并不怎么大，村民也不怎么认可。还有一位是70多岁，曾做过约30年的香头，后来由于身体原因，不再办功。这三位香头都是以顶狐仙为主，办功形式也都差不多，只是第一位是通过燃香的方式看事，而后两位是通过点烟的方式。

其中较年轻的香头姓刘，出生于1967年，其娘家在禹王台村西北两三公里远的村子。她的丈夫原本是农忙时务农，其余时间像村里其他年轻人一样外出打工，但在刘香头“安下桌子”之后，他就在家成了妻子的专职助手①，至今已有10多年的时间。在本村香头中，她是最年轻的，也是时间最短的。

通过调查了解到，刘香头之所以会成为香头，与她有“老根”有直接关系。她认为自己从小就与神灵有缘分，也就是天生有“老根”，后来在神灵连续多次的磨难之下，经明白人指点之后才安下桌子，成为香头。在整个谈话过程中，笔者并没有感觉出她对于被神灵选中做香头有一丝的不情愿，反而强调“不是随便谁都能安，老人撂香篓子，有缘分的才能安，老人选的，不是自己争的”。她强调正因为自己与神灵有缘分，才会被选中。对于经历的重重磨难，她只是通过一句“有些事该经着就得经啊”来解释这一切。

刘香头从40岁那年，也就是成为香头的两年之后，开始给人们办功。据她个人所说，刚开始的时候，办功很灵验，每天来找她的人也很多，而且每天来人前，神灵们都会提前告诉她。每个神灵都会负责各自的功，一旦明确是谁的功，那么就由谁来落功（“神灵附体”）。至于办功的过程，刘香头称自己并不知道，因为那是神灵在说话，直到神灵回宫后，她才能回过神来。她列举了很多治好病的例子来证明她的灵验：

① 本书作者之一的吴美云，在初次拜访刘香头时，她的丈夫就拿出了印有她名字和联系方式的名片。

有个女的，长皮肤病，俺给治好了。

老人(即狐仙)神手一把抓。寒亭那个人瘫了三年，生活不能自理，来叫俺去，老人给治好了。

有个人腰椎间盘突出，治得好好的。还有些人耳朵聋、腰疼，也是老人给治好了。

那个女的很高、很瘦，得了子宫瘤，来找老人治，接着(马上)就好了。

在整个访谈过程中，她一直强调，“和老人讲信用，治好了说怎么着就得怎么着，该上饭就上饭”。也就是说，跟神灵要讲信用，许愿的时候一定要说明到时怎么还愿，一定要按照许愿时说好的来执行才成。但是，好景不长，这种旺盛之势只持续了三四年，之后就不怎么好了。她认为这都是因为有一个香头嫉妒她而给她使了坏。

刘香头家住禹王台旁边，房屋由北房(即堂屋)和东厢房组成。北房是二层楼式的，但是高度不高，面积也不大，仅三间房的面积。下边住人，上层仅仅是个砖框架，说是给儿子准备的新房。下层的中间一间隔成了两间，北边是厨房，南边是餐厅，本来一间的面积就不大，这样一隔两个小间就都很小了。西边一间是夫妻俩的卧室，东边一间是儿子的卧室，同时也是供着“老人”的房间。供“老人”的桌子安在东北墙角，靠北墙，墙上贴着佛爷的画像，桌子上一日三餐供上自己做的饭菜，做啥供啥。北墙西边贴着李老爷的神像。其他就没有什么了，也没有狐仙神像之类。看似是供神灵的神圣地方，但并没有很特别的摆设，甚至也没有天天敬香，唯一坚持的就是顿顿供普通饭菜。她强调这张桌子是不能乱碰的，桌子上的东西也不能乱拿。另外，在这屋子里除了有佛爷和李老爷之外，还请着好几位“老人”，其中也包括“老爷”(禹王台上的老三哥)。按刘香头的说法：“头上三尺有神明，咱在这里说什么老人都能听着。”只是我们用肉眼看不见。

禹王台村及其周边村落的香头“看事儿”一般有两种方式：一种是“瞧香”，另一种是“点烟”，即香头点燃一炷香或者一支烟，通过观察香或烟燃烧痕迹的形状，进行解释并提出解决方案。不过，这两种方式的进行都伴随着神灵在适当时机的“落功”，并不一定一开始就“落功”。而且，针对不一样的事儿，落功的神灵也不一样。有的香头在神灵落功的时候，自己是有清醒意

识的；但有的却是无意识的，完全被神灵控制。刘香头看事儿属于第二种，即通过点烟看事儿，点的烟必须是求看事儿的人带来的完整的一盒烟才行，什么牌子倒无所谓。“问事的话就自己拿着烟，谁的烟能查谁的事，都在烟上，我不是跟你要，什么烟都行。”她与当地的其他香头差不多都顶着好几个神仙，各负其责，“不是他的功，他不接”。如狐仙管看病，送生娘娘管求孩儿，老母娘（菩萨娘娘）管工作事业，等等。

本书作者之一的吴美云初次到刘香头家拜访时，一开始一直在询问有关禹王台的各种事情，但聊了一会儿后，刘香头突然不作声了，一个劲儿地咳嗽，还点上烟抽着，另一只手托着额头，眼睛紧闭，面部呈现痛苦的表情。吴美云当时并不知道发生了什么事，就劝她喝点水。她说：“我不是那么回事，是老人要落功，老人不落功我不咳嗽。”持续了2分钟左右之后，她丈夫说：“快接啊，不接老人家不说话。”然后，又持续了1分钟左右，她开始唱起来：

> 有缘啊有缘，你来听啊听俺传，王母娘娘落了凡……真心奔到那家园，是想问明历史，是不是真言情？（其夫问：是吧？老人说你们来问历史？吴美云答：是啊。）叫一声“落花”（落功过程中称女的为“落花”，男的为“顽童”），听俺本座演讲清，既然生在新社会，××别打听。你在听那就听，本座那不关情。抬起头来向前看……现在那世道乱，出门把眼来清。出门瞪起眼来别上当，别说凡间乱哄哄，就是那××也已经乱成一团糟，邪魔鬼祟撞身上，也有那真来也有那假。现在你吧先来听，自己路儿自己走就行。听俺那本座言来传，别把历史打听在心间，别把光来沾。抬起头来看眼前，一顿三餐吃饱，有空多赚钱……本座已把言儿传。

落功结束后，她回过神来，她丈夫就跟她说：“老人不让打听了。”她就说：“啊，老人不让打听啊，天机不可泄露啊！老人到了点了，有事求着了，他就不会不管，我不是使坏不说，是不敢说，说了对你不好。”正是由于刘香头在落功过程中是无意识的，所以需要丈夫做专职助手，在旁边接“老人”。就是在落功之前，丈夫问：“是哪位老人个（家）？”并对神仙说的话进行解释，给刘香头递烟，落功之后还要跟刘香头汇报刚才的情况。

刘香头开始给人看事儿的时候，她丈夫就印了很多名片，上面印着他的名字（不是刘香头的名字）和联系方式、地址等，见人就给，还一个劲儿地宣传刘香头的灵验。后来，果真有人来找她，于是她丈夫就成了她的专职助手。虽然夫妻二人在外人面前很努力地建构自己的权威形象，但很多村民对他们并不认可：一是因为随着科学文化知识的普及，香头的行为及其“权威”已经不足以让大多数村民信服。二是村民对刘香头不认可，认为她太年轻，时间也短，不灵验。三是对她丈夫不认可，年纪轻轻的不出去打工挣钱，却指望着通过这种方式来挣大钱，是不劳而获的行为。

附 录

一、有关禹王与禹王台的传说[①]

1. 为什么有禹王庙的地方就有狐仙呢？禹王去世的时候30多岁，他原先第一个老婆，就是个九尾狐仙。所以说哪里有禹王庙，哪里就有狐仙。原来斟灌那里也有禹王庙，那里也是有狐仙。

2. 当年大禹带领民众筑起了禹王台以后，禹王台周边饱受水患的狐狸们就搬迁到禹王台上居住。其中有一只九尾狐得道成仙，修炼成了一位美丽贤惠的姑娘，美女爱英雄，这位九尾狐姑娘就嫁给了大禹为妻，大禹和九尾狐就成了中华民族的远古先祖。大禹和狐仙居住在禹王台上，后来，民众为了供奉禹王，就在禹王台上为九尾狐和大禹的后代狐仙建立了"老三哥庙"和"黄仙姑庙"。

3. 大禹看到禹王台周边平素以渔猎为生的民众，经常因为打不到鱼而挨饿，生存艰难，于是就找来农神后稷，从遥远的南方引来了香米稻种，教会了禹王台周边的民众种植水稻。从此，禹王台周边的民众过上了亦农亦渔的幸福生活。

① 本附录由笔者依据村民口述内容整理而成。

4.禹王台就是这个台子,相传是禹王修建的,是为了观察水情。台子是当时的民众用布袋子装来土建起来的,夯得特别整齐。传说是从临淄传来的土,说那里地势高,土的质量好。还有一个传说,就是人们白天建,神仙晚上帮着建,白天人们建三尺,夜里神仙给加三尺。

5.关于禹王台是谁建的,还有一种说法,说秦始皇想长生不老,就派徐福带八百童男、八百童女去日本找仙药。后来徐福一直没回来,秦始皇就修了这个台,登高望望徐福回来没,所以叫"瞭望台"嘛,原先也叫"望海台"。

二、有关狐仙的故事与传说[①]

狐仙是禹王台村村民最为信奉的神灵,因此之故,在禹王台村及周边村落,存在大量有关狐仙崇拜的灵异传说。尤其是村里30岁以上的人几乎都能随口讲出几则狐仙故事。这也是在做狐仙信仰调查时,村民会首先表达且表达最多的狐仙崇拜信息。概而言之,这些传说可大体分为两种类型,即狐仙赐福(或知恩图报)与得罪降灾(包括附身、惩戒等)。下面对调查到的相关故事与传说作简要介绍。

(一)狐仙赐福型

1.老三哥为人善良,经常为当地民众排忧解难,他的一个神力就是可以施神水、治百病。相传家住安固街的一位妇女,哥哥有气管炎,姐姐也有很严重的病,于是她就晚上来到禹王台向狐仙求取神水,带回家给哥哥、姐姐喝掉后,病果真就好了。

2.我父亲在四五岁的时候,得了一场病,感觉要撑不住了,家里人就把他放在盖垫上,放到蚊帐里,吹灭灯,关上门。后来我妈妈(当地人对奶奶的称呼)就看见一个像猫一样的东西进到了屋里面,再后来我父亲就活过来了。所以我妈妈就发愿,要年年去禹王台祭拜老三哥。而关于老三哥,一开始大家都叫他"三哥",后来随着时间的推移,人们觉得不能再叫他三哥了,就改成叫"老三哥"了。

① 本附录由笔者依据村民口述内容整理而成,为原样呈现村民对传说故事的理解和表述,本书未对其作大幅度修改。

3. 村民陈松仁的儿媳妇，虽然未出嫁前在家听说过狐仙，但是她并不怎么信狐仙。后来她嫁到禹王台村有了孩子，有一天突然发现孩子腋窝里长了一个不大不小的疙瘩，于是她就带孩子去医院检查，医生说做个小手术把疙瘩切除就好了。她回家后跟婆婆一说，婆婆就说："这个还用着去医院了？我去求求台上老爷就是了。"于是她婆婆找到本村顶老三哥的香头给予指点，那香头经过一番"落功"后，让婆婆晚上回到家摆上桌子并点上三支烟供着，婆婆回到家就照做了。第二天早上起床后，孩子的妈妈一看，那疙瘩竟然真的没有了，而且在原来长疙瘩的地方隐约能看见几个针脚。从此以后，她就相信狐仙的灵验了。

4. 谁家遇到红白喜事，若盘子、碗不够用了，便可天黑时到禹王台前向狐仙跪拜求借，第二天清晨这些东西便摆在那里了，用完之后再如数送还即可。

5. 当地有个五道庙，禹王台的狐狸嫁给了五道庙的狐狸，生了很多个孩子。上京赶考的时候，王寿彭的娘就到先师庙里去祈愿，保佑孩子能考上，结果不仅考上了，还是状元。后来王寿彭去还愿，并题写了对联："千处祈祷千处应，一方恭敬一方灵。"

6. 小时候他（陈兰英）出来耍，逛游逛游上了这个台子，进了台上的洞。他就一直往里走，走着走着一下子觉得铮明（非常明亮），看到一个朝南的大门，有东西厢房，街上有很多人，有些小孩儿，他就跟些小孩儿耍，耍着耍着，一个白胡子老头跟他说："你娘找你，你还在这里耍？"陈兰英问："你怎么知道？"老头说："我怎么就不知道？你快回去吧。这样吧，我给你个物儿。"陈兰英问："什么物儿？"老头说："你用这个秫秸挑着那俩砖回家去吧。""那个能挑动俩砖？""挑动喽，你快挑走吧。"陈兰英不挑，老头送他到大门那里，说："你走吧。"这陈兰英一睁眼就到了洞口了，爬出来后看到他娘正在找他，他娘说："你手里拿的啥？"搭眼一看，是金条啊，陈兰英说："我爬进去那个屋綦大，有东屋西屋，站了一些人，还有些小孩，我跟他们耍来着。有个白胡子老汉叫我拿秫秸挑俩砖，我不挑，他又叫我拿，我不拿。"他娘说："你怎么不拿，那是金砖啊。"打那以后，陈兰英就办了酒坊，日子过得很好。

7. 有个小孩子，七八岁，走着走着，上了台上，说是进了一个大庭院，大门朝南，里面有四个厢房。进去后，里面有很多小孩子，还有个白胡子老头，长得很秀气，老头说你和我们这些小孩玩吧。玩够了，老头问他你要什么东西啊，这小孩说我不要。后来老头给了他一根树枝，他拿着树枝出来后，发现自己在台东，低头一看，拿的不是树枝，是大金条。

8. 老三哥叫林帮财，行善，经常给人一些小偏方治病。两边的一个是林相云，是他儿子；一个是林相玉，是他侄子。那时候做买卖的、挑扁担的人多，出了门都是晚上往回走，容易迷路。这就求着老三哥了，说："老人家，你看我这迷路了，回不去了，把我领回去吧。"只要跪下磕俩头一祷告，脸前就会出现一个红灯，跟着红灯走就对了。等这个红灯没了，你也就到家了。

9. 在解放潍坊战争中，王兰桂没被打着就躺下了，等起来一看，快天黑了，四下都是死尸。虽然没被打死，但也走不出战场，等明天（敌军）一来搜索，还不知道会怎么死呢！所以就得赶快出去，可他哪知道东西南北啊。于是他就祷告老三哥："台上的老爷爷，你救了我，你就把我救到底吧，我不知东西南北了。"这时前边出现了灯光，他就追着灯光走，一直走到天亮，太阳出来了，这就知道方向了。

10. 我外祖父家是李家沿村，从这个庄到禹王台有20多公里。早先我外祖父家是个编席大户，每到秋后，都要套上车去禹王台北边的洼里去拉苇子，拉回来垛成垛，压蔑子编席用。外祖父说，那时在台北边的洼里，一早一晚，能经常见到他老人家（狐仙）。那时北洼里没有正经道，时常迷路，到了这时，你就跪下求他老人家把你领出去。过后不一会儿，就能看到前面不远的地方有个灯笼，你快它也快，你慢它也慢，始终保持着一定距离，把你领到家门口，那盏灯笼也就消失了。我曾问外祖父是个什么样的灯笼。他说那是狐仙老爷千年修行炼成了含在嘴里的一颗仙丹，也叫夜明珠，它吐出来顶在头上给你照明。

11. 传说当年捻军作乱时，曾围困了禹王台9天，但一直没有攻台，就是因为有狐仙的保佑。捻军的首领每当下令攻台时，他的令箭、节符都会不翼而飞。明明看到传令兵手持了令箭去传达攻台的命令，可是马跑着跑着，令箭就不翼而飞了。有个传令兵传了三次令，都没传达到位，发令的将军火冒三丈，说这次再传不到，回来就军法处置。于是这位传令兵双手紧紧攥着那支令箭，两眼直勾勾地盯着，生怕它再飞了。传令兵来到攻台的将领面前，小心翼翼地递上令箭。将领接箭在手，打发传令兵走后，再低头看时，令箭

却变成了禹王台上某个儿童手持的拨浪鼓。将领拿着拨浪鼓，摇来摇去，一头雾水，举棋不定，总不能说传令兵给了他个拨浪鼓，就是上级发布的攻台命令吧。而这时，禹王台上的那个儿童却因为拨浪鼓被凭空抢了去而哇哇大哭起来，闹着要他的被狐仙"搬运"去了的拨浪鼓。

(二)得罪降灾型

1.有一年冬天，天寒地冻，无东西可吃，有一只狐狸到禹王台村徐光启家来偷鸡。徐光启听到以后就出来大声吆喝，出言不逊，结果第二天晚上，家里房子的茅草顶被扒掉了一大半，修好后又随即被扒掉。后来徐光启到禹王台上烧香磕头谢罪，才最终把房子修好，并且以后再未出事。

2.有个大地主姓陈，他父亲结婚的时候曾向狐仙借过盘与碗，仗着自己财大气粗，用后就没还回去。这令狐仙大为恼火，结果此后不论谁来借盘碗都借不到了。

3.陈兰房在禹王台主持修建庙宇时，有人请他到台上喝水，他在南屋发现了个粮食屯，就偷偷弄了粮食去换酒喝，结果后来全家人都变成了聋子。

4.据说有一户外地人，好像是打死了一只狐狸，后来一家三口都死了。这户外地人就拉着棺材，带着一大缸小米干饭、馒头、衣服，来禹王台请罪了，之后那户人家就没有再出事。

5.有个人把狐狸打瘸了，就追上去用枪托子把它给捣死了。捣死以后，把皮扒下来并将尸体埋了。有一天，这个人看戏，看到一只兔子，就想着打这个兔子，结果一开枪，火药喷到眼睛里了，这只眼睛就瞎了。晚上他疼得睡不着觉，就哀求老三哥，说求你放过我吧，我不求好利索，就让我不大疼就行。后来这眼睛就不大疼了，但还是一只眼啊。

6.××庄有一个人要枪，他经常过来，光打这个东西(狐狸)。有次他看到一只狐狸在树下坐着，狐狸说："你打死我啊，就打死你爷。"这个人一听，说我就打你，于是"咣"的一声把狐仙打死了。后来他回到家一看，他爷死了。

总之，在禹王台周边诸村落，存在大量有关狐仙崇拜的灵异传说。这些传说，通常都与某一真实事件或某村某位村民相关联，言说者也都是言之凿凿，给人一种绝对真实、不得不信的强烈感觉，从而大大提高了相关传说的可信度和流传的广度。正如柳田国男所说："倘若事情本身毫无根据，那么，无论怎样的巧施安排、记录、口述,也绝不会有任何人相信并随声附和。”①

三、禹王台神谱

锁子记(纪)实

仙姑庙落典后,蒙林老与仙姑错爱,收我为义子,足我意愿。由寿光县西斟灌村凡姐(香站)主持,于一九九八年八月初六日正式举行了结拜仪式。时(是)日有众多仙老与姐妹兄弟前来祝贺。自感身受神之宠爱,实乃三生有幸也。

本谱由林帮昇、胡灵仙姑义子(凡)邵元珠续,原本由邵元珠收藏,印者为翻本。

山东省潍坊市寒亭区泊子乡蔡家栏子村邵元珠书拜

前　言

禹王台,立于鲁潍坊市寒亭区肖家营乡禹王台村。千朝万代,历经沧桑。台居胡、林、武三家神族。多少年来,众神替天行道,普度众生,赢得了上苍之恩宠,万众之拥戴。只因有求必应之灵验,博得了万众归心,其美誉胜于名山圣水,相传海内外,实属山不在高,有仙则灵,流芳千古。因信徒之众,真假错综复杂,误导神序严重。为让众徒无误,经多方考查(察),现将三家神源汇集成册,供于后人,望雅士正之。

鲁潍坊市寒亭区泊子乡蔡家栏子村邵元珠敬拜

公元一九九八年古历十月初五日

禹王台重修仙姑庙记

相传禹王台原有仙姑庙一座,不知在何年代被人破坏,现已荡然无存,使仙姑神娘流离失所,苦不堪言。只为普天下大众劳累奔波,却得不到人间之香火,实属一大憾事。

我父母终生虔诚信奉众仙家,只因家境贫寒,实乃有其心而无其力,不得以资助之,至临终尚念念不忘。而我自童年深受父母之教诲,深知二老心思,决心用自己的人生来完成父母之夙愿。再者我本人与

① [日]柳田国男:《传说论》,连湘译,中国民间文艺出版社1985年版,第61页。

爱妻李占英也深受神恩佑。我子孙满堂，家资丰厚，心想事顺，更可贵的是救我四次大劫而不伤命。我深知为人者应忠信仁义为先。我上有父母愿，中有救命恩，下有子孙兴。此恩此德，焉能不报乎？为此，我与夫人李占英出资五万余元，重修仙姑庙，以报神恩。一是了却父母遗愿，二是以达我夫妻二人心愿，三是让众多善男信女更好地敬奉仙姑神老，四是昭示后人多行善事，以保平安。

仙姑庙总投资五万二千元，自一九九七年春始建，至一九九八年古历七月初一举行落成大典。

投资人邵元珠、李占英。建庙人陈汉阳、陈邦友、陈少先。吴桂孝、齐成英夫妻捐资一千元。庙前报恩碑，邵元珠撰文，吴开和老先生书写，请艺人镂刻，神像由潍坊市艺人雕塑。

一九九八年古历十月五日邵元珠拜

禹王台三族仙人谱

胡颜飞——子　胡老仙师
　　　——长女　胡继春
　　　——次女　胡继暖

林济深——子　林老仙师
　　　——女　林宝珠

武道仙师——长子　武显威
　　　　——次子　武显立
　　　　——三子　武显江
　　　　——四子　武显海
　　　　——五子　武显佐
　　　　——六子　武显坤

以下为胡家：

祖师爷

胡颜飞——子　胡老仙师
　　　　　　——长子　胡山太

——次子　胡仙太
——三子　胡三太
——女　胡业兰
——长女　胡继春
——次女　胡继暖

胡山太——长子　胡忠诚
——长女　胡灵翠
——次子　胡灵爱

胡仙太——长子　胡贤立
——次子　胡贤忠
——三子　胡贤河
——四子　胡贤君
——女　胡灵月

胡三太——长子　胡贤东
——次子　邱季东（义子）
——三子　胡严东
——女　胡灵仙姑（干娘）

胡贤忠——长子　胡成飞
——次子　胡成翔
——女　胡成莲

胡贤河——长子　胡成万
——次子　胡成利
——女　胡莲英

胡贤君　林香莲——长子　胡成光
——次子　胡成海
——三子　胡成洋

胡贤东——长子　胡成柱
——次子　胡成恩
——三子　胡成良

邱季东　林咸英——长子　胡成宝
——次子　胡成世
——三子　胡成情

胡严东——长子　胡成安
——次子　胡成全
——三子　胡宗风
——四子　胡宗宝

胡宝河——长子　胡清元
——次子　胡清胜

胡宝光——长子　胡清恋
——次子　胡清福

胡成起——长子　胡清堂
——次子　胡清超
——长女　胡清莲
——次女　胡清凤

胡成发——长子　胡清单
——次子　胡清尊
——三子　胡清坤
——女　胡清燕
胡成飞——长子　胡清义
——次子　胡清发

胡成翔——长子　胡清照

——次子　胡清普

——三子　胡清辉

胡成万——长子　胡清本

——次子　胡清章

——三子　胡清腾

——女　胡清芝

胡成利——长子　胡清侯

——次子　胡清班

——三子　胡清文

——女　胡清淋

胡成光——长子　胡清富

——次子　胡清贵

——长女　胡清荣

——次女　胡清华

胡成海——长子　胡清昆

——次子　胡清仑

——女　胡清娟

胡成洋——长子　胡清结

——次子　胡清实

胡成柱——长子　胡清广

——次子　胡清界

胡成恩——长子　胡清强

——次子　胡清录

——三子　胡清号

胡成良——长子　胡清星

——次子　胡清山

胡成宝——长子　胡清增
——次子　胡清霞
——女　　胡清花

胡成世——长子　胡清旂
——次子　胡清辉

胡成情——长子　胡清田
——次子　胡清伟

胡成安——长子　胡清明
——次子　胡清亮

胡成全——长子　胡清玉(路神)
——次子　胡清灵

胡宗风——长子　胡清仟
——次子　胡清立

胡宗宝——长子　胡清德
——次子　胡清水

以下为林家：

林济深——子　林老仙师
——女　林宝珠(老仙姑)

林老仙师——子　　林香云
——长女　林香彩
——次女　林威英

林香云——长子　林帮昇

——次子　林帮忠

——三子　林帮财

林帮昇(干爹)——长子　林芝乾

——次子　林芝坤

——女　林芝红

林帮忠——长子　林芝成

——次子　林芝金

——三子　林芝银

——女　林芝美

林帮财——长子　林芝高

——次子　林芝喜

——三子　林芝友

——四子　林芝信

——五子　林芝明

——长女　林芝兰

——次女　林芝芳

林芝乾——长子　林良宽

——次子　林良禄

——三子　林良风

——长女　林云姐

——次女　林花姐

林芝坤——长子　林良胜

——次子　林良利

——三子　林良朋

——长女　杏花姐

——次女　桃花姐

林芝成——长子　林良庚
　　　——次子　林良台
　　　——长女　菊花姐
　　　——次女　菊香姐姐

林芝金——长子　林良远
　　　——次子　林良界
　　　——三子　林良亭

林芝银——长子　林良乐
　　　——次子　林良平
　　　——长女　菊仙姐
　　　——次女　菊青姐

林芝高　林芝喜——长子　林良山
　　　　　　——次子　林良志
　　　　　　——三子　林良旃
　　　　　　——长女　林芬花
　　　　　　——次女　林芬爱
　　　　　　——三女　林芬英
林芝友——长子　林良朝
　　　——次子　林良斤
　　　——三子　林良旺
　　　——长女　林成香
　　　——次女　林成芳

林芝信——长子　林良盘
　　　——次子　林良腾
　　　——三子　林良严

林芝明——长子　林良春

——次子　林良夏

——三子　林良秋

——四子　林良冬

以下为武家：

武道仙师——长子　武显威

——次子　武显立

——三子　武显江

——四子　武显海

——五子　武显佐

——六子　武显坤

武显威——长子　武香行

——次子　武香君

——三子　武香令

——长女　武红姐

——次女　武云姐

武显立——长子　武香成

——次子　武香珠

——三子　武香明

——长女　春红姐

——次女　金红姐

武显江——长子　武香贝

——次子　武香河

——长女　秋红姐

——次女　枝红姐

武显海——长子　武香彩

——次子　武香光

——三子　武香平

——女　　记红姐

武显佐——长子　武香珍
　　　——次子　武香艺
　　　——女　　锦红姐

武显坤——长子　武香根
　　　——次子　武香远
　　　——三子　武香日
　　　——女　　远红姐

四、碑记

(一)“永垂不朽”碑

光绪十二年九月初九日　谷旦

盖闻□□□所筑，以望徐芾[①]航海而来，后世之人建禹王庙于其上。禹王台当时圣王观水之处也，然亦借此以感圣王治水之德，欲万世遐迩，人民均知圣王抑洪水而天下平，驱龙蛇消鸟兽而百姓宁之故耳。及至国朝咸丰十一年二月二十一日，粤匪破潼关，来至远里庄一带，台底就近庄民及城乡练勇者，难以抵御，公同商议修台以为保障。闻者无不愿为，遂至不日而成。至八月十一日间，贼至柳疃，各庄人均扶老携幼，接踵上台，其车辆牲口尽放于台下。自十二日，贼竟自东而西，来至台前。至三十日，贼又由西而东，人马纷纷，纵横数十里，尘飞蔽日，声气连天，遂将此台围困，焚烧台下车辆，掳去牲口。当是时也，台上数万人，不但绝粮，而且断水，均不知其死生。至九月初五清晨，贼兵退至北里，人心稍安，下台取粮故多，取水者亦不少。至是日晚，贼又复来，连围九天，未曾进攻，在台围者，并未伤亡一丁。噫嘻！人力不至如此矣，非一神功，何如？至今就近村庄男女老幼均念念不忘。故作文刊石，以

① 应为“徐福”，但碑文如此。

为避难之一法焉。[1]

(二)重修禹王台碑记

禹王台,邑之胜地也,因禹王庙及胡三太爷庙之建其上而名益彰。两庙香火鼎盛,信徒众多,广受乡人信仰奉祀,于兹盖已十有数代。惟因年代久远,庙貌及神像受大自然风化剥蚀,皆已断残圮毁,无复当年盛观矣!

原昌邑乡长王公兰桂,常年旅居海外,毕生笃信胡爷,辄思图报其庇佑之恩德于万一。因托同学程玉贵先生以返乡探亲之便,代为了解庙殿现况,嗣后携回拍摄之多张照片,见其损坏情景,不胜唏嘘叹惋、感慨万千,因而顿兴立即重修之念,乃函请亲友马善君先生,央起襄赞厥事,尽速与禹王台村之信徒联系,共商动工计划。王公自动出任发起人,个人独先拨汇首笔巨款,用作兴工基金,至于全部工程经费,皆由王公负担,议定之后共组一禹王台重建委员会总董其事。工竣,庙殿神像焕然一新,庄穆朴实,犹胜昔年,乡民为之狂喜,交口赞誉,造福地方之善举于焉完成。

窃谓人之善念,存于一心而发乎至性,知恩不忘报,堪称善之大者,而能终生不渝,更属难能可贵者也。

王公幼年蒙胡爷医愈其重病,即已感荷深恩。及长,先后从军经商,以期颐养天年,自认无时无刻不在胡爷庇佑中,尤以从戎期间,历尽千苦万险,死里得生者十余次,每能逢凶化吉,转危为安。全家五口因战乱而流离矣,所颠沛遍历至三四省,最后终获团圆相聚,人员无伤,目今安居乐利,四代同堂,子孙繁衍三十余人,并能奋发图强,各有傲人成就。公之次子孝廉世兄,茂才博学,为蜚声国际之名文学家,著作等身,文名籍甚。一门书香,博士三人,硕士三人,受大学教育者十数人。王公年高体健,精神开朗,经济充裕,生活无虑,持盈保泰,十全十美,享有

① 因原碑漫漶不清,本碑记转引自潍坊市寒亭区禹王台历史民俗文化研究会编:《风雨沧桑禹王台》(内部资料),2014年,第55~57页。

如此晚情美景，可谓善有善报，岂偶然哉？

余年晚，与王公忘年交四十春秋，时得亲其謦欬，聆其自述，故能熟知其事，且慕其为人，爰为文以记之，藉此劝世与醒世焉。

昌邑市文石居士　夏维勤　恭撰

昌邑市安家埠　　张稚松　敬书

（三）重建仙姑庙记

敬神弟子得玄门　亲入仙山谒至尊　善男多有此义举　草书曾悦圣明君

禹王台，自禹王治水之年，纵至潍县古城以北七河汇流之滨，历经千载，巍然屹立。多少年来，以胡三太爷为首的众神，替天行道、惩恶扬善、普度众生之善举，能不受天下人之敬乎？禹王台之神灵，以赢得万民归心，信徒众多，香火之鼎盛，实属神台胜地也。神台之威，自有胡娘娘与众仙姑大力相助而得之，只因朝代变迁，原仙姑庙被恶人所毁，实是一大憾事。为此，寒亭区泊子乡蔡家栏子村邵丕起第四子邵元珠，蒙受父母之嘱，以达二老之遗愿，自愿拨资数万，重建仙姑庙，以报神恩。多少年来，承蒙仙人保佑，我步入青云，家资丰厚，全家人身体康健，本人取得硕士称号，官拜正局，二子均是大学生，更感神恩救我四次，大难而不伤命（一水三车祸），此恩此德，能不报乎？建其仙姑庙，实属自愿，让众仙姑重登神座，保佑我一方平安，实乃万民之幸甚。后者人人有此善举，可流芳百世共赞之。

奉资人　山东省潍坊市寒亭区泊子乡蔡家栏子村邵元珠　李占英

建庙人　山东省潍坊市寒亭区肖家营乡陈汉阳　陈邦友　陈少先

撰文人　邵元珠　李占英　携子女顿首百拜

一九九七年春月敬立

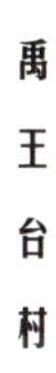

五、陈发源先生小传[①]

传承忠厚世德　弘扬勤俭家风

——潍邑陈氏二支十九世孙陈公发源先生小传

（2016年5月整理）

（一）家与父亲

我家居寒亭区高里街道禹王台村，是潍邑陈氏二支四世先祖于明朝永乐十四年（1416年）迁来，至今五百余年，已繁衍至二十五世。

我的祖父是陈廷梁（十七世），父亲陈俊瑞是长子，二叔少亡，三叔陈丽瑞。自父辈上数三辈无一人识字，只靠农业为生；父亲体格健壮，忠厚勤劳，是远近闻名的好庄户把式。

祖父的叔兄廷杨，元妻生子国瑞，出继廷吉；继配李氏只生一女。廷杨祖父去世后，李氏奶奶因我父忠厚勤劳、为人和气，愿收为继子，并把我长兄巨源出嗣国瑞为子，这样李奶奶既有子又有孙。邀请族人和当地名绅立了过继单，树了继嗣碑。父亲继承了廷杨、廷吉两位祖父的遗产，土地近十亩，草房三间。

奶奶对父亲管教甚严，一切要按她的意愿行事。冬季农闲时节，也要早起，背上粪筐到外面拾粪；无事不能到集市闲逛；晚上豆油灯头也不能放大；只养牛驴，不准养骡马；农忙时找帮工，只准找日工、月工，不准常年雇工；勤俭办事，不能显富，免除祸殃。

农村的自发势力，省吃俭用，制地买土，二十余年的时间，发展到十五亩土地。与三叔家合伙买上了大车，也买上了大牲畜，便于耕地、拉庄稼、运粪肥。成了村里的富裕户。

父亲常年面向黄土背朝天，从事农业劳动。三年用把锄头，两年用张锨，忠厚老实，与群众和睦相处。凡是群众到我家有借、补、腾、挪之求的，不论钱、粮、农具、牲口，父亲都让其进得来，出得去，尽量满足其

① 本小传由陈发源先生亲自写就。

要求。特别遇到灾荒年月，恩下了不少群众。与广大群众同甘共苦，全家人为了节约粮食，也掺糠吃菜。人们看在眼里，记在心上。为了方便群众借牲畜推磨，专门买了头毛驴。有一次我家已套上磨了，有人来借驴用，卸下来先让群众用。如陈存礼家子女多，生活累赘，在生产、生活上父亲多次周济他家，解放后老人临终嘱咐儿子们说："无论到什么时候，不要忘记你俊瑞大爷家。"

由于父亲和气待人，经常帮助贫困农户解难，在农活大忙季节，有的人主动来帮忙，有的人说找短工时他一定来。父亲不白用人，工钱总不低于别人家的，并准备好饭食，像招待客人一样。凡是来帮忙的人都说全当过个节吧，管好饭食也是全村出了名的。每年八月中秋节请长工的日子，这天晚上准备两桌酒菜，宴请常来帮忙打短工的人，和近支长辈们一起陪同长工美食乐和，交流本年的收成情况等。就这样回敬大家，表示谢意，也密切了与群众的关系。

我父亲肚量宏大，忍耐性强，遇有不顺的事，退一步，让一着，尽量不冲突，能过且过，得到自安。如本村陈青海，抗日战争前，在潍县县衙做事，急用钱，找上陈九恩做中人，硬把西窑口二亩地典当给我家，以二百元大洋为押金。十余年后，让中人送来了二百元纸币回当，当时那二百元纸币买不了几斗谷子。又如陈文学，解放初期由保长成了村长，又任自卫团长，烟酒茶嗜好俱全，没钱用了，找陈在洲到我家借二斗粮，到台底集粜了把钱给他。父亲为了不惹人，就这样忍气吞声得安宁。

1945 年冬，上级号召献田献粮，减租减息，父亲自愿献出土地二亩、粮食数石，起了个带头作用。1946～1947 年，在轰轰烈烈的土地改革运动中，父亲把全部土地托出，让干部群众看着办。他们通情达理，按照党的政策和全村人口平均土地一亩多点的标准，给我家当时七口人，留下了七亩多地，并上下等搭配，其他财产未动。当时全村有九个姓氏，三百余户，一千二百多口人，竟无一人有意见。父亲未受到一点指责，都认为是劳动富农，忠厚老实人。这是全村人对父亲处世为人的最高评价。

1949 年春，自上而下召开各界人民代表大会，区政府给我村两个代表名额，一男一女。群众评选中认为父亲忠厚正直，勤劳致富，是庄户地里的能手，符合条件定为代表，与陈乐福妻（军人家属、村妇女主任）一起出席了区政府召开的各界人民代表大会。

1950年结束土改，颁发土地证时，确定成分为富农。1953年，乡政府按上级政策，决定给各村表现好的富农摘帽子，当时我村摘帽的有四户，其中有我父亲、陈文邵、陈汉元、张晨，并颁发了选民证，享有和其他农民同样的权利和义务。1954年后，在农村进行社会主义改造，从初级社、高级社到五八年的人民公社，把一家一户的单干，改造成集体生产劳动：土地、牲畜、大型农具全归集体。我家和其他群众一样，迈进了社会主义的大家庭，成为人民公社的社员，在生产队里积极参加劳动。

我巨源兄，出嗣时国瑞大爷已去世了，只有大娘和其女儿，家庭生活和一切事宜全由我父母照管，一直到终年。巨源兄年轻时学习很出色，1940年考入寿光寒桥中学，只差一个学期毕业，在1942年秋假前发高烧，坚持期考结束，一病不起。回家来，当地医生请遍了，医治都不见效，一直发烧四十度，当时日寇还在潍坊，不能到大医院去，就这样去世了，年仅二十二岁，丢下了嫂嫂和不满五岁的女儿芝兰。

（二）坎坷的革命道路

1945年初夏，家乡解放了。留吕中学（十五联中）解散，我回到家来。这年的冬天，潍县各救会迟会长带领工作组到我村驻点。有一天下午，迟会长召集本村十多名在中学上过学的青少年谈话，进行教育。他从原始社会讲起，那时生产力低，人类共同劳动，共同享用，过着无剥削、无压迫的生活，由于生产力的进步，有了劳动剩余，产生了剥削和压迫；进入了奴隶社会、封建社会。外国势力侵入，降为半封建半殖民地社会。历代农民起义及孙中山先生领导的民主革命推翻了封建帝制，倡导平均地权、节制资本，实行耕者有其田的制度。后来改组国民党，实行“联俄、联共、扶助农工”的三大政策。这一内容和我们在中学历史课上学习过的基本相同，我很受启发。他接着说，我们共产党领导的土地革命在农村实行土改，就是要实现孙中山先生提倡的耕者有其田的主张。还讲到共产党领导革命的经历和革命的目的等。迟会长讲了三四个小时，最后对我们提出了希望和要求。

这是我第一次接受党的教育，是敦促我迅速觉醒的重要启蒙，是我思想进步的开始。我先后学习了毛泽东著作《中国共产党与中国革命》《新民主主义论》《社会各阶级的分析》等单行本，收获很大，对我的思想震动强烈，更加明确了我的方向。只有跟共产党走，才是唯一出路。我积极协助村里支前、征收等工作，先后任过闾长、清算委员、粮秣会计等职，一年两季征收公粮、田赋，有时调区粮站助征助运，还办农民夜校，任妇识班教师。

由于思想进步，工作认真，区党委来我村发展组织(1949 年前党、团都不公开)，由村指导员(支书)陈智生介绍，我填写了入团志愿书。我是本村第一个共青团员(当时名为“新青团”)。

1948 年秋，山东省除青岛市外都已解放，停办的教育要普遍复学，缺乏教育人才。我于 1949 年 2 月(农历正月十六)参加了教育事业，与王恒德老师一起分配到禹王台小学工作，正式踏上了革命征途。

1949 年，革命形势发展很快，中华人民共和国成立后需要大量建设人才。经过一年的工作实践，我的思想更加进步，感到自己知识浅薄，才能有限，不满足于小学教师工作。上级也有培训一部分青年教师的计划，这也激发起我的学习再深造的想法。我于 1950 年春节后去平度城考西海中学师范班，录入师一级插班学习。

秋假后，山东省进行结束土改颁发土地证工作，莱阳地委(当时平度县划归莱阳专区)缺少干部，决定调用师范班学生，编入莱阳地委土改工作大队。经过短期培训，将我校八十余名学生分配到四个县(当时平度分为四个县)工作。1950 年冬天又开始了抗美援朝，镇反与结束土改三大革命一起抓，工作非常紧张。

正在轰轰烈烈地进行着，1951 年春，省教育厅下达指示：凡从教育部门调出的人员，一律归队。在清明节前夕，学校把我们召回。举行了毕业考试，按学习成绩分为高教、初教两级。我是高教，分配到平西县新河完小。当时李超先任完小校长，王敏任区文教助理。

通过实践工作，我得到了他们的赏识和支持，被选为团支部宣传委员，学校开始建立少先队，我又被任命为新河区少先队总辅导员。到团县委培训了多日，回校开展少先队建队工作。1952 年春节后，设立新河完小崔家分校，安排我去负责。

该校系三个行政村所管，校址设在南崔家村改出的地主房子，是标准的四合院，北屋七间，南屋大门两侧各三间，东西厢房各两间。房子只有朝阳的一面有窗，面积又小，光线很暗，本院只能安排三个教室和一个办公室，又到外面安排三个教室，都需要修缮改造才能用。

办公经费很少，只能依靠三崔家办事，而三个崔家村自古以来就有矛盾，很难合伙办件事。教师五六个人分在三个村，群众轮流管饭，饭都吃不到一起。我们做了大量群众工作，走访了学生家长、群众、各村干部。为了孩子们的学习和身心健康，把学校办好，是我们的共同利益。我们多次带领学生家长、村干部亲临现场，观看这黑屋子教室，发动群众献工献料。经一年多的时间进行修缮，基本上改变了旧面貌，并建立了伙房，照顾师生生活，也减轻了群众管饭的负担。

全校共有六个教学班、两个高级班、四个初级班、八位教师，教龄短，文化水平低，都缺乏教学经验。为全面贯彻德、智、体、美教育方针，团结教师们突出抓好教学质量，首先要提高教师业务水平，开展教学研究。我们着重提高了教学质量，狠抓了少先队工作。

按计划举行有主题有内容的少先队活动，每年六一、新年举办学生成绩展览会，让学生家长来观看；每学期开始和结束时召开校务会议，请各村文教委员参加，让其了解学校工作计划和取得的成绩，好去宣传发动群众。为使学校教育和家庭教育紧密结合，教师们经常走访家长并按时到各村去召开学生家长会议。年终评选“三好学生”，并敲锣打鼓地把“三好学生”奖状送到家。孩子们佩戴上红领巾，得到“三好学生”奖状，成为全村群众羡慕的对象和全家的喜事。

教学过程中，注意学生身心健康。在四个初级班学生中，以少先队活动的形式，普遍进行一次驱除蛔虫的活动，取得良好效果。不仅得到家长们的拥护，密切了群众关系，还受到了县教育局的通报表彰。几年来，与教师们紧密团结，同甘共苦，在广大干部群众热情支持下，把学校办得生机勃勃。教学研究成为风气，教学质量不断提高，多次受到上级表扬。我于1955年夏出席廖兰县（平南、平西两县合并改称“廖兰”）举办的优秀教师代表会议，被评为“全县优秀教师”，并合影留念，这张照

片至今我还保留着。

1955年秋，全县教师集训结束时，教育部门领导找我谈话，并通知下发给我任新河中心完小教导主任的任命书，这是上级对我的信任和合理安排。因为家庭成分原因，入党、任命校长职务等未获上级批准；先后被免除团支部委员、少先队总辅导员等职。1953年被评选为“教育工会主席”。这期间，我没有辜负老师们的期望，注重教职工的福利，及时救济困难职工，设立流动图书箱、文体器材，开展教职工体育比赛活动，曾受到县教育工会表彰。

在新河完小工作，李超先校长对我非常信任，每学期学校工作计划、总结都由我作。支持我大胆抓教学工作，开展教学研究，提高教学质量，也得到了老师们的拥护和支持。

1956年春开展肃反运动后，因李校长不是党员，自1957年春节后调县教育局教研室工作，县教育局准备派一名党员校长来，一年没派进来。整个学校工作压在我一个人身上。1957年冬天又开展整风反右运动，我经得起考验，很幸运未被打成右派分子，但免去了工会主席之职。反右后又接连开展向党交心、整团活动，我都顺利通过。像我这种情况，当时在全县是少有的。

1958年春，教育局派曲华清来任校长，他因患腿疼病去烟台温泉疗养院，三个月一个疗程，全年在校不到三个月，沉重的担子仍压在我肩上。

这年人民公社成立，高举三面红旗，钢粮并举，浮夸风越吹越大，任务繁重。新河完小以姜修竹校长为主成立了指挥部。秋前先是除草荒、沤绿肥，办学生食堂、集体宿舍，体育放“卫星”，等等；接着投入了大炼钢铁运动，后又转向支农，深翻土地和秋收。我亲自带领师生苦战若干昼夜，建了两座炼铁炉，种植深翻五尺的“卫星田”五亩、深翻再掀的丰产田十二亩。

当时大兴报捷风、吹大牛，可笑的事情时有发生。如放体育卫星工作，传达下去不到一个星期，就有多所学校如穆家、柘埠等学校来报捷了。

我在一系列工作中，报捷总是落在后头，有些干脆不报。不能弄虚作假、说大话,要对党忠诚,就要扎实能干、实事求是,结果却招来大祸,在中秋前节召开团员大会,会前团支部书记王希民找我谈话:你思想不跟形势,不适合做共青团员。在一张折叠好的信笺纸上让我摁上了手印,内容我无从得知。在大会上公布说:我思想保守右倾,不跟形势,是阶级异己分子,开除团籍。

我的政治生命就这样被扼杀了。

这沉重的打击,我并未败志,却更加坚定了我跟党走的信念。勉励自己任劳任怨,暗中加劲比贡献。真正的革命者忠不忠,看行动。只要开除不了我的公职,我就"小车不倒只管推",干出成绩,做出贡献就是向党献忠心。1958年年终总结评选大会中,根据鉴定的工作情况,各项工作都不低于其他学校,发给我一等跃进奖五十元(但不能是先进工作者)。

1959年春节后,我调到柘埠完小,协助王文轩老校长工作了两年。

1961年,中央贯彻"调整、巩固、充实、提高"的八字方针,平定了五风。山东省教育厅烟台会议后,整顿学校秩序,纠正混乱现象,提高教学质量。

崔永业校长又把我调回新河完小,让我兼任教研会副主任。支持我大胆工作,老师们也很拥护。在县教研室的领导下,请进来、走出去,在开展教学工作中取得了较好成绩,教学质量不断提高。

这期间,先后任职的崔永业、吕峰、卢培昌等几位校长都对我非常信任和支持,配合很好,工作进展顺利。新河完小成为全县有名的学校。

(三)艰难岁月

1966年秋,"文化大革命"的急风暴雨袭来。

新河完小的红卫兵组织成为两派斗争的焦点,坎坷处境难以应付。"当权派"卢培昌校长到北镇油坊劳动,我被定为"半当权派",在校劳动,打扫卫生,为红小兵服务,供应纸、墨、糨糊,护校看门,1967年春节都没有回家过。

两派斗争反复多次,不管哪派胜负,我都得听从指挥,任其使用,一

天也不得闲。学校革委会成立后才稍稍平息。

复课后，分配给我当班主任教课。1968年春，调朱家小学工作一年。年终时，省里王、侯提议外地教师回家接受贫下中农再教育，我得此机会，离开了工作近二十年的新河大地，回到了家乡。

1969年元月份，我村先后回来了六位教师，在沈家营学校的学生也回来了，贫下中农管理学校，管理代表刘云宗也进入了。通过大伙共同研究，学校组成四个小学班，一个中学班，准备春节后再招个一年级班。

我担任初中班语文教师兼班主任，就这样正式上课了。

教师不足，又增加了两位民办教师。

村里派性斗争还在激烈进行着。为了保证学校稳定，通过了我提出的不能把派性斗争引进学校的决定。

为了加强学生的纪律性，在初中班请原民兵连长带领跑早操，进行军训，上早自习。其他学校大部分还未复课，正处在派性斗争中。这个班的学生是1966届的小学毕业生，基础较好，我们紧抓两年的学习，保证了教学质量。

1971年春，南孙高中恢复了招生工作，实行贫下中农推荐制，我班二十四名学生只推荐了十五名，有两名参军的。

我的长子在华因成分问题没有被推荐。

1973年底，改为推荐与选拔相结合的招生办法，我次子在民初中毕业，在招考中数学分数全区最高，经上级研究破格录取了。

时间不久，1974年，张铁生、黄帅典型来了，报纸、电影大肆宣扬，推荐与选拔相结合的办法只实行了一年。

1976年，我三子在勤初中毕业没得到推荐，他学习成绩是班里的前几名，老师们也感到可惜。

在“文化大革命”的十年动乱中，我两个儿子先后被剥夺了上高中的机会。

在轰轰烈烈的土改运动中，父亲都没有受到过指责，而在这“文化大革命”动乱中，却被当作所谓的“地、富、反、坏、右”的“黑五类”对待，身心健康受到摧残，并连累其子孙后代，这极“左”势力给我和父亲及整个家庭笼罩的阴影越来越浓重了。

诚言，在那“以阶级斗争为中心”的时代里，虽有“有成分论，不唯成分论，重在个人表现”的政策，但受极“左”思潮影响，各级各单位的某些掌权者们，宁左勿右，少担风险的心态是不可避免的，能扶灯杆，不扶井绳。

自从整风反右运动后，为了加强党的领导，学校校长必须由党员担任，我既不能提拔，也不是培养对象，在政治上逐渐走下坡路，这是很自然的。

经过多年的坎坷经历，感悟到有种无形的力量不是向党拉近，而是力推疏远，这正是“唯成分论”作怪的结果。

尽管如此，仍没动摇我跟党走的信念。

我是华夏子孙，又是国家干部，就要爱国、敬业，只要党安排我工作，就竭尽所能，任劳任怨，做出贡献，忠于党，忠于事业。

为更好地启发影响儿女们健康成长，我为五个子女取名“华、民、勤、耕、耘”，集成一联，以示心愿，并成为我的精神支柱。

教育子女们以祖父为榜样，做个忠厚老实人，勤于干事、俭以持家，无论在哪个行业，干什么工作，都要爱国敬业，精耕细作，以优异的工作成绩奉献社会。

1972 年春节后，我被调到西王庄联中任教半年多，在公社教育领导小组的领导下，学校秩序逐渐恢复，开始注意抓教学质量。

秋假后又被调到南孙中心联中任教，协助王昌升校长抓教学业务。

通过教学实践，领导对我有了进一步的了解，安排我兼任语文教研组长，组织教研活动。后来又办星期天学校，提高教师水平，我担任语文班辅导教师。

由于领导的信任和支持，我信心倍增，充分发挥竭尽所能、任劳任怨的工作作风，坚持了数年，得到领导和广大教职工的一致好评。

（四）大地回春

1977 年冬，全国恢复高考。

潍坊地区九个县市分设了三个阅卷点，各县市组织力量交换阅卷。县教育局调我参加平度师范阅卷点。历经一个多月严密紧张的工作，

胜利完成任务。

通过这次阅卷，收获很大，进一步明确了语文教学的方向和存在的问题，利于指导教学。

粉碎“四人帮”后，拨乱反正，为冤假错案平冤昭雪。学校教育工作同其他行业一样，纠正混乱现象，加强正规化教学。

特别是恢复高考后，提高教学质量成了各级学校的重中之重，教研活动更显重要。

十多年来，我一直担任语文课教师，并从未停止教研活动，教学相长，深受领导信任、支持及老师们的拥护。

1978年秋，在开学前夕召开总结表彰大会，学校领导与普通教师分别评选，我被评为全社六处联中领导同志中的获奖者，这是自整风反右二十多年来第一次得到公开表彰。这更增强了我工作的信心和力量。

党的十一届三中全会后，改革开放的春风吹暖了神州大地，以社会主义建设为中心的总方针深入人心。

极“左”势力也随之削弱，家庭成分的紧箍终于解开了，笼罩在我们整个家庭的阴影逐渐消除。

恢复高考后，1978年春，次子在民考取了潍县师范。

1980年春，上级允许年过五十岁的可以退休，并照顾一个子女工作。在肖官洪校长的协助下，我顺利办理了退休，让长子在华接了班。

我按照与肖校长的约定，继续留校工作，他在南孙联中到什么时候，我就协助他到什么时候。其实压力减轻，心情舒畅，为教育事业多做点贡献也是义不容辞。

三子在勤已在家劳动四五年了，羡慕别人考取学校，也入学复读，因学业荒废时间较长，希望不大；又因土地承包到户，家中无人劳动不行，主动自愿留家务农，照顾老人和弟妹上学。

这正是兄弟间相互理解、团结和睦的传统家风与高尚品德所在，给我这当家长的莫大的慰藉，也是对我继续工作的极大支持。1982年，肖校长调肖家营联中，高秀生任校长，又留我继续工作了两年多。直到1984年夏，送走毕业班，原职原薪多工作了四年半。外甥王逢元时任符山联中校长，听说我回家来了，让我到符山联中帮忙，因学校建设两位老师去工地，缺少教师，急需补缺。我不好推辞，又到符山联中任课，担任一个班的语文课、三个班的历史课教师。年终考试成绩，两门课都获得二等奖，没有给外甥丢脸。

1985年，家里建房，父亲年龄大了也需要照顾，只好辞去工作，回家应付家务，协助三子在勤务农。四子在耕1984年考取了山东工业大学，女儿在耘1986年考取了潍坊华侨幼儿师范。儿女们在这改革开放的大好形势下都有了较好的安排，全家人都有了奔头。

回忆我这三十多年的工作经历，兴衰沉浮，顺利与坎坷的境遇，感慨良多。经历的各种运动，对我是一种考验和锻炼。不计名利，坚决跟党走的信念从未改变。困难留给自己，荣誉让给别人，不管顺利、坎坷，在本乡还是外地，坚持始终如一。没飞高，也没摔过大跤，算是顺利通过了社会对我一生的考验，有个安稳的归宿吧。国家金融专家金立群曾说过："一个人的命运，是受国家政策与时代的变化所深刻影响的。"这正是对我一生命运的概括和总结。

（五）家风代代传

我父亲的处世为人在村里享有盛誉，广受群众尊敬。他的忠厚和善、勤劳俭朴给儿孙们做了榜样，他对子孙后代的言传身教，可谓潜移默化，润物无声。他不仅培育了子孙后代，他的优秀品质也得到了传承。

父亲于1990年正月去世，享年九十一岁。在殡丧时，主持人集群众之意写了一副对联，挂了丧棚前柱上。上联：忠厚老实善良和气传后世；下联：勤劳朴素任劳任怨留美名；横批：德高望重。我与子女们亲笔撰写了挽联以示缅怀与继承之志：忠厚善良晚辈尊敬，勤劳俭朴后代继承。

为了教育子孙后代，近十多年来，每逢春节，我家大门两侧总是贴一副我亲笔写的对联：传承忠厚世德，弘扬勤俭家风。横批：造福子孙。

我家子女生在20世纪50年代中后期，成长在六七十年代，受极"左"势力与十年动乱影响，在求学之路上虽遇坎坷，但经改革开放，拨乱反正，他们在各自工作岗位上，勤奋敬业，都有显著进步。

长子在华一直在教师岗位工作，勤奋好学，取得大专文凭；思想进步，加入了中国共产党。曾在沈家营联中任过数年校长，因教课成绩好，多次受过表彰，2010年曾被评为“道德优秀教师”。

次子在民专教毕业班的物理课，教学成绩好，晋升为高级教师。

三子在勤，安心农业生产，夫妻俩承担了七八口人的承包地，还承包了别人家二十多亩地；和睦邻里，乐于助人，在村两委的“四德榜”榜上有名，是勤劳致富的能手。

四子在耕，1988年毕业后，先在潍坊电校工作，因电校撤销，调潍坊电业局工作，已达二十余年，晋升了高级职称，入了党，工作认真，吃苦耐劳，被任命为电业局中层干部。

女儿在耘，毕业后分配在制药三厂幼儿园，厂子破产后调至盛宏医药公司。外甥孟达于2015年考入山东理工大学。

他兄妹五人都在潍坊购房定居，在华、在民去年先后办理了退休手续。

我的三个孙子、两个孙女均已参加工作。长孙殿春中专毕业，现已创办了电力工程公司，干得有声有色；其他人自华北电力大学、东北电力大学及山东大学毕业后，都分配到电厂及电业局工作。到目前为止，子孙辈已有九人在电力系统工作。他们依然秉承祖训，勤奋敬业，在各自岗位上为国家电力建设努力奉献着。

忆往昔坎坷沉浮，看今朝可喜可贺，因孙子及孙女名字最后一字为：春、晖、兴、丽、文，继儿女上联“华民勤耕耘”，自然集成下联“春晖兴丽文”。寓意在美好春光照耀下，谱写更加壮丽的篇章。

（六）最美夕阳红

退休了，年龄也越来越大，很多事情已力不能及，但我丝毫没有孤独感，老年生活过得有滋有味。

我们成立了门球队，球场设在我村，我负责联系高里、双杨、南孙等球队，举办过多次比赛，也到寿光各地参加友谊赛。在区里举办的门球比赛中，我们获得冠军一次、亚军两次。打门球空余时间，练习书法，装裱字画，参加了潍县老年书画家联谊会。

我生自农村，庄稼地里的活在行，每到农忙季节，我都会协助三子在勤忙上一阵子；村两委有事也找到我，我每次都欣然答应，先后参加两次人口普查，每次至少一个月；经常写标语、出墙报，村里工程完工剪彩，立村碑揭幕典礼，均协助办理。我在家族中辈分较高，族里红白喜事、邻里纠纷、建房等经常找我主持；我在家里种满了各种果树、花草和蔬菜，还帮村里很多人家嫁接果木。

近几年，我自己已做不好饭，孩子们发现后，由长子在华和三子在勤两家轮流照顾我们的生活，一干就是几年，从无怨言。平常洗衣做饭整理卫生，求医问药紧盯陪护，帮我和老伴洗澡、理发、洗脚、剪指甲等等，对我和老伴照顾得非常体贴细致。孩子们经常来探望，每逢节假日或我与老伴生日，那都是规模很大的聚会，最多能到二十多口人，祖孙四代，欢聚一堂，是一个人财两旺、和谐幸福的大家庭。每逢此时，我早已忘了那些坎坷的经历与艰难岁月，心里感到无比幸福、满足和自豪。

我陈氏族谱自1928年续修后，社会动乱，时代变迁，近八十余年没有续修。我早有意，未能实现。从2011年着手启动，从本支到近支说服动员，找到热心人帮助，调查核实各家成员，特别是外出人员，调查起来很是困难。幸有1928年续修的老谱接茬，把核实的各家人名按世编写成图，续入老谱。历时两年，只完成了西支，东支未完成。2013年，潍坊陈氏老一支二十三世孙陈祖光倡议老三支合修族谱，时隔已一百八十余年了，困难更大。我计划用三年时间完成我老二支的族人信息，并与赫家村支部书记陈义堂联系一同续修。我找到陈邦之等几人，用了一年多的时间，把东支调查续修好。2014年春，将全部材料送至赫家，转送潍城续谱委员会。历经三年，于2015年12月30日，在陈祖光处举行了隆重的完工典礼。前后共用了五年时间，圆满协助完成了潍邑陈氏老三支合修族谱的义举。这也是我步入老年以来，为禹王台陈氏应做的贡献而已。

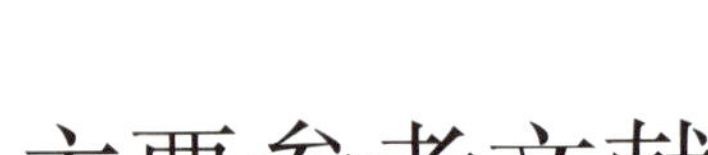

主要参考文献

陈蜚声、丁锡田纂:民国《潍县志稿》,1941 年铅印本。

宋宪章修:《寿光县志》,1936 年铅印本。

刘铁梁:《"标志性文化统领式"民俗志的理论与实践》,载《北京师范大学学报》(社会社科版)2005 年第 6 期。

王加华:《赐福与降灾:民众生活中的狐仙传说与狐仙信仰——以山东省潍坊市禹王台为中心的探讨》,载《民间文化论坛》2012 年第 1 期。

王加华:《被"私有化"的信仰:庙宇承包及其对民间信仰的影响——以山东省潍坊市寒亭区禹王台庙为例》,载《文化遗产》2013 年第 6 期。

于家干:《潍北最古老最厚重的人文遗产——夏禹王台》,载 2014 年 11 月 4 日《潍坊学院报》。

孙建松:《竹枝词里看古风:清乾隆潍县竹枝词与地方文化》,载《中国地方志》2014 年第 9 期。

[日]柳田国男:《传说论》,连湘译,中国民间文艺出版社 1985 年版。

山东省潍坊市寒亭区史志编纂委员会:《寒亭区志》,齐鲁书社 1992 年版。

李寿菊:《狐仙信仰与狐狸精故事》,(台湾)学生书局 1995 年版。

潍坊市人大教科文卫工作委员会、潍坊市文化局编:《潍坊市人文与自然

景观》，齐鲁书社 1996 年版。

钟敬文主编:《民俗学概论》，上海文艺出版社 1998 年版。

潍坊市寒亭区民政局编:《潍坊市寒亭区地名资料汇编》(内部资料)，2004 年。

王文章:《非物质文化遗产概论》，文化艺术出版社 2006 年版。

山东大学文史哲研究院民俗学研究所主办:《百脉泉》(内部刊物)第六辑《潍坊寒亭地区寒浞传说与信仰调查专辑》，2010 年 8 月。

山东大学文史哲研究院民俗学研究所主办:《百脉泉》(内部刊物)第九辑《潍坊寒亭地区狐仙信仰与传说调查专辑》，2011 年 7 月。

孙建松编著:《潍县竹枝词撷英》，中国戏剧出版社 2012 年版。

吴美云:《寒亭禹王台村狐仙信仰探究》，山东大学硕士学位论文，2013 年。

潍坊市寒亭区禹王台历史民俗文化研究会编:《风雨沧桑禹王台》(内部刊物)，2014 年。

《潍北胜迹禹王台》，“潍水左岸”的博客，2012 年 2 月 5 日，http://blog.sina.com.cn/s/blog_3e2cf5040102eag2.html.

《潍坊市级非物质文化遗产名录项目申报书·禹王台传说》，2013 年 10 月 20 日。

后记

本书是笔者所承担的“山东村落田野研究丛书”的第二本。2017年2月底，国家社科出版基金“山东村落田野研究丛书”获得立项批准。随后，笔者完成了《胡集村》的书稿写作，本以为可以“刀枪入库，马放南山”了，奈何因种种原因，丛书原本设计的体量未能达到。在此情形下，笔者开始着手第二本书稿的写作。而之所以会想到禹王台村，是因为笔者已有大量的调查资料、调查报告与相关研究，且笔者曾围绕禹王台写作并发表过数篇文章。写作历时两个月，如今书稿终于完成。

首先，感谢“山东村落田野研究丛书”的策划人与设计者，即山东大学出版社的傅侃编辑与山东大学文化遗产研究院的张士闪教授。其次，特别感谢本书的第二作者吴美云同学。她2013年硕士毕业于山东大学民俗学研究所，硕士论文即围绕禹王台狐仙信仰写作而成。再次，感谢参与历次禹王台村调查并整理录音资料、写作专题调查报告的诸位同学，他们是李生柱、赵容、李琳琳、张宇、杨文文、宫慧珉、李娟、王刚、蒙锦贤、武宝丽、秦海虹、庞昱、尚小芳、张锎月、宋亚、朱光煜、王生林、石玉洁、陈科锦。没有他们的调查、整理与写作，本书就不可能完稿。最后，衷心地感谢潍坊市寒亭区政协的张宝辉先生及禹王台村的诸位村民，如陈发源、陈顺堂、陈爱堂、陈月龙……一一列下去，必将是一个长长的名单，没有他们的热心支持与帮助，亦不会有本书稿的完成。这其中尤其要特别感谢的是寒亭区政协原文史委主任张宝辉先生，张先生不仅帮忙联络、协调各方关

系，还亲自陪同我们进行实际的田野访谈。此外，还要感谢禹王台庙承包人弘耀道长对我历次调查的配合与帮助。在此，向各位致以最诚挚的谢意。

对于本书中的不当之处，恳请广大读者批评、指正。

王加华

2017年10月于福润康城

图书在版编目(CIP)数据

禹王台村/王加华,吴美云著. —济南:山东大学出版社,2017.12
(山东村落田野研究丛书/张士闪,李松总主编)
ISBN 978-7-5607-5926-5

Ⅰ. ①禹… Ⅱ. ①王… ②吴… Ⅲ. ①村史—潍坊 Ⅳ. ①K295.25

中国版本图书馆 CIP 数据核字(2017)第 328729 号

责任策划:傅 侃
责任编辑:陈佳意
装帧设计:牛 钧

出版发行:山东大学出版社
社 址 山东省济南市山大南路 20 号
邮 编 250100
电 话 市场部(0531)88363008
经 销:山东省新华书店
印 刷:山东华鑫天成印刷有限公司
规 格:720 毫米×1000 毫米 1/16
12 印张 201 千字
版 次:2017 年 12 月第 1 版
印 次:2017 年 12 月第 1 次印刷
定 价:45.00 元